# まえがき

本書は、仕事の成果を高めるた[illegible]用術を紹介するものである。

私がノートを活用するようになったのは、大学の理科研究室時代のことであった。当時、地球科学の研究を進めていた。地球科学の研究では、フィールドに出て、様々な地形や岩石の状態を観察する。

見たものは必ずメモをとれ、と教えられた。メモをその場でとらないと忘れるからだ。大ざっぱでもいい。気付いたことがあれば、何でもメモに残せとも言われた。

時に、厳しいフィールドでの観察もある。三十メートルの落差がある垂直の崖を登っての観察。石灰岩の洞窟の内部を、二時間も三時間も歩き回っての観察。腰まである激流の沢を登ったり、雪の森を探索したり……。そんなときでも、ノートは常にかばんに入っていた。見たものは、できるだけ早くメモしなくてはならない。

研究室に帰って化学や物理の実験をしているときにも、気付いたことがあればメモをとった。理科研究室の研究熱心な学生は、常にノートを持ち歩いていた。

ノートが一冊、二冊と終わり、十冊、二十冊となっていった頃、私は学生ながら学会誌へ論文を書く機会を与えられた。教員志望の学生が、学会誌に論文を書くなどというのは、極めて異例のことだった。普通は、そこまで研究を深めることはできないからだ。しかも、論文は二本。どちらもトップオーサー（筆頭著者）での論文執筆であった。おそらくは、教育学部で研究室始まって以来のことだと思われる。

研究の成果を上げることができたのは、ノートの活用が大きな理由の一つであることは間違いない。

ノートを活用すれば、仕事の成果を高めることができる。

しかし、そのためには、ノートの使い方を知らなくてはならない。知れば、誰だって明日からノートを活用することができるようになる。

# まえがき

日々、雑務に追われているという人。
なぜか、仕事がうまくいかないという人。
もっとダイナミックな授業や学級経営がしたいという人。
今の仕事をもっと高めたいという人にこそ、ノート術を知り、生かしてほしいと思う。
ノート術は、今の仕事を何倍も豊かなものにしてくれるはずである。

大前暁政

＊本書は、先に出版した同名書籍を新装・大判化したものです。

目次

新装版

# 仕事の成果を何倍にも高める 教師のノート術

大前暁政 著

黎明書房

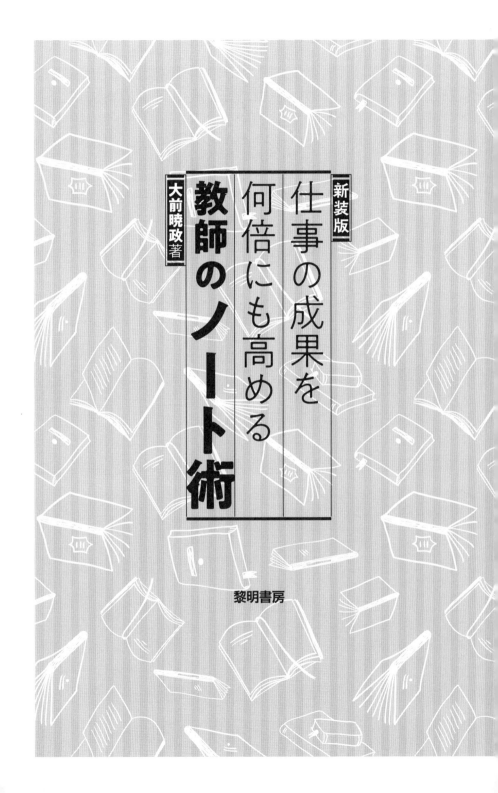

## Ⅲ章　学級経営を成功させるノート術

目　次



## Ⅳ章　仕事の成果を高めるノート術　116

# Ⅰ章

# 仕事の成果を高めるノート活用心得

## 1　なぜノートが仕事の成果を高めるのか

### (1)　記録をとることが自分の仕事を高めていく

毎年、学級開きが近付くと、ノートを用意している。用意するのは、一冊。A4判で一〇〇ページのノートである。そこに、学級開きの計画や、授業の細案を書き込んでいく。ノートに書く際、必ず参考にするものがある。

**前年度の学級開きノート**

なぜ、前年度のノートを見るのか?
次の理由がある。

**①　前年度の学級開きを「反省」するため。**
**②　前年度とは違った学級開きにするため。**
**③　前年度の授業よりも、もっと進化させた授業にするため。**

毎年、昨年度の学級経営よりも、ほんの少しでも進化させることを意識している。
そのためには、次のことができなくてはならない。

**「反省」をもとに、「改善」を行う。**

記録をとっていないと、「反省」はできない。「反省」ができないと、「改善」もできない。記録があるからこそ、自分の仕事を振り返り、反省を行い、実践を改善することができるのである。

## (2)　なぜノートなのか

では、なぜノートに記録するのか？

パソコンに記録してもよいのではないのか？

確かに、「記録を残す」という意味で言えば、ノートでも、パソコンでも、どちらでもよい。私も、大切な記録は、最終的にパソコンに入れておくことが多い。

だが、ノートなしでは、仕事の成果を上げることは考えられない。

パソコンよりもノートが優れているのは、次の理由による。

> **①　ノートは、パソコンと違って「起動の時間」がかからない。即書き込める。**
> **②　アイデアを考えるときの作戦基地にできる。**
> **③　電源がいらず、どこでも使用できる。**

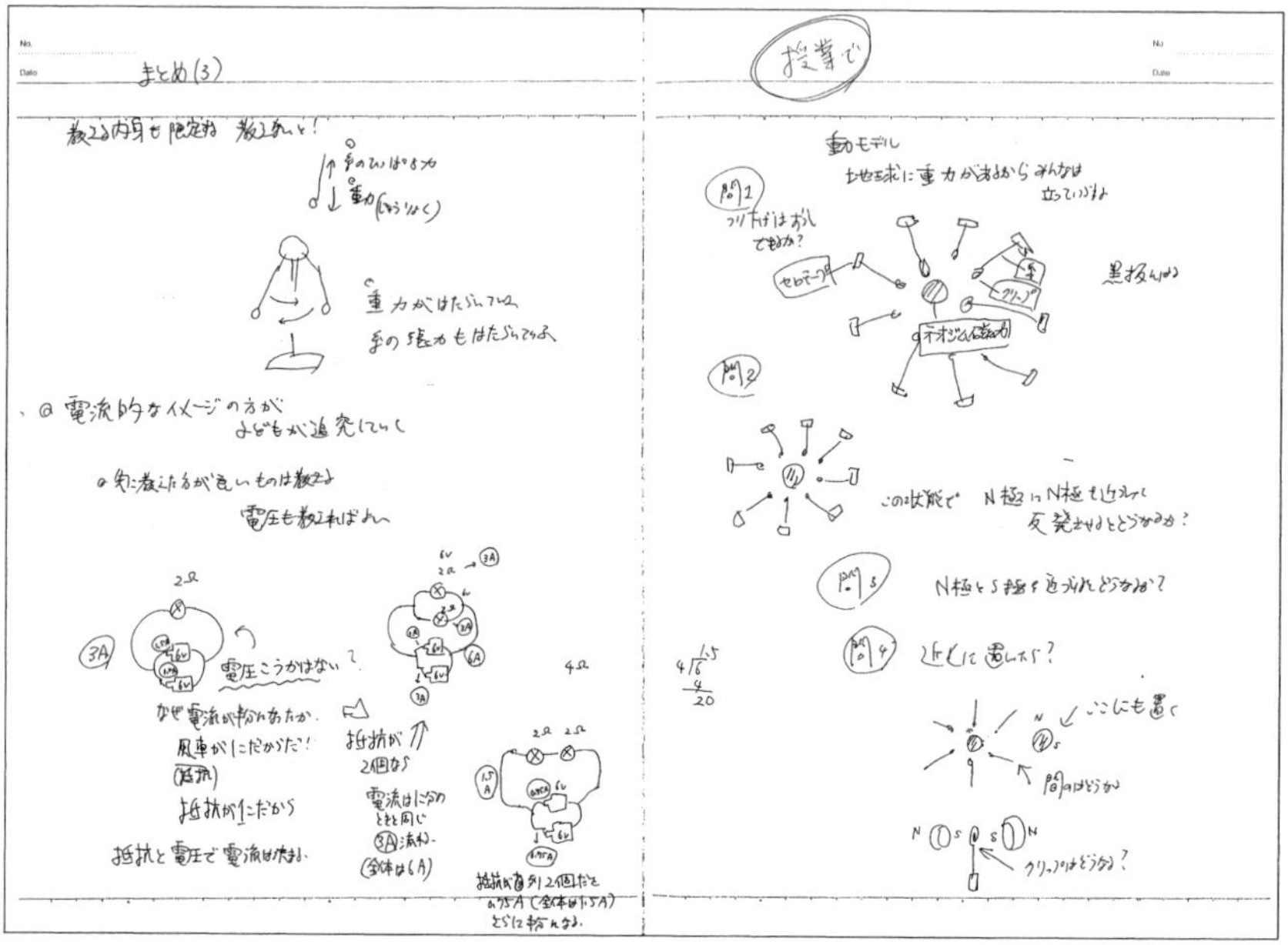


### ① 即書き込めるメリット

「起動の時間」など、「少しの時間ではないか」と思うかもしれない。

だが、アイデアというのは、浮かんだ「その場で」、「すぐに」書かないと、忘れてしまうものである。

良いアイデアほど、忘れてしまったときのショックは大きい。一度忘れると思い出せないことが多々ある。だからこそ、アイデアが浮かんだその場で記録できるものが望ましい。

私は、ノートをいつも一冊持ち歩いている。アイデアが浮かんだら、すぐにメモをとるためである。

例えば、授業で使えそうなアイデアが

浮かんだとする。それをすぐに文章や図を使ってノートにまとめていく。

アイデアをいつまでも頭の中で覚えていくことはしない。アイデアを忘れまいとして、そのことばかりを考えておく時間がもったいない。アイデアをメモしたら、忘れることができる。そして、別の内容を考えることができる。忘れるためにメモをとる。

## ② 作戦基地としての機能

ノートは、「アイデアを考える際の作戦基地」としても使える。

例えば、学級開きノートで言えば、後で何かを思いついたら、いくらでも修正を加えることができる。

私の場合、学級開き三日前までには、学級開きの演説の原稿をノートに書くようにしている。

学級開きが近付くにつれて、だんだんと子どもの様子のイメージがわいてくる。どんな学級にしようかというイメージもわく。すると、最初に考えた「学級開きの演説」に追加したいところや、修正したいところが出てくる。別のアイデアが浮かんだら、そのつど、ノートに赤で書き込みをしていくのである。

最終的に、かなり引き締まった「学級開きの演説の文章」ができあがる。

書いていると、不思議なもので次々とアイデアが浮かんでくる。

一つのアイデアを書いていると、さらに、別の関係するアイデアが浮かんでくる。

ノートの広いスペースに好き勝手書けるというのが、アイデアを促進する感じがする。

### ③ いつでも、どこでも使えるというメリット

ノートの最大のメリットは、いつでも、どこでも使うことができるということである。

電源がいらないというのは、大きい。パソコンを持ち歩いていたこともあったが、バッテリー切れを心配しないといけないし、電源を探す労力もかかるため、止めてしまった。

ノートだと、どこでも持って行けるし、どこでも書くことができる。

ノートは、その時々の、その瞬間の、自分の思いや考えを書いたものである。

その時々の気持ちを、ストレートに表現するには、その場ですぐに記録する必要がある。時間が経つと、思いも色あせる。思い出せなくなる。今のその気持ちを、すぐに記録するためには、ノートが一番手っ取り早い。

## 2　基本となる一冊のノートを持ち歩く

### (1)　常に携帯するノートは「一元化」する

常に持ち歩いているノートは、「一冊」だけである。ここに、私の考えや必要な情報のほぼ全てを収めるようにしている。

基本となるノートなので、「基本ノート」と呼ぶことにする。

授業案、学級経営のイベント案、学級経営で考えたこと、メモ、予定など、全てこの基本ノートに書いていく。

基本ノートを、「たった一冊」に一元化しているのには、理由がある。

① ノートを何冊にも分けると、毎日持ち運ぶには不便。
② ノートを何冊にも分けると、後で必要な情報を探すときに検索が不便。
③ 一冊だと時系列に実践が積み重ねられていき、振り返りが楽。

毎日のようにメモをとるので、使い切るのも早い。

**何でもメモする「基本ノート」は、大きすぎず、分厚いものがよい。**

私の場合、B5で一〇〇ページのノートを使っている。
このノートだけは、常に持ち歩く。かばんに、常に入れておく。教室にも持って入る。職員室に戻ったら、職員室に置いておく。勤務が終了したら、家に持って帰る。

### (2) 持ち歩かないノート

基本ノートとは別に、それぞれの分野のノートを、一冊ずつ用意している。

例えば、次のようなノートである。

・**学級開きノート（Ａ４、一〇〇ページ、一冊）**
・**学級経営ノート（Ａ４、五〇ページ、各学期一冊）**
・**校内研究ノート（Ａ４、五〇ページ、一冊）**
・**特別支援ノート（Ａ４、五〇ページ、一冊）**

学級開きノートには、学級開きの内容や、最初の一週間の授業案などを書く。四月の学級開きに必要な全ての資料を貼っていく。

学級経営ノートには、その学期の学級経営の計画や、授業案を書く。

校内研究ノートには、校内研究に関する自分の指導や考えを記録する。

特別支援ノートには、発達障害の子への指導の目標と手立てと結果を書く。

なぜ、これらのノートを、独立させているのか？

それは、次の二つの条件を満たすためである。

① 一つのテーマだけでノート一冊を使い切ることができる。
② 常に持ち歩く必要がない。

たった一つのテーマで、一冊を使い切るとわかっているのなら、情報の整理のために、最初から別のノートにした方がよい。

基本ノート以外のノートは、特別なことがない限り、持ち運ばない。基本的に、職員室に置いてある。持ち歩いても学校内だけである。

特別支援ノートへの記録は、全て個人名を書かずに、イニシャルで記入している。イニシャルで書いてあるとはいえ、やはり個人を特定できる情報である。絶対に紛失することはできない。個人情報の保護のため、持ち運びをしないようにしている。

## 3　どんな目的・場面でノートを活用しているか

### (1)　基本ノートに何を書いているか

一冊のノートを持ち運ぶという習慣ができた結果、一冊のノートが、様々な機能をもつようになった。

基本ノートには、次のような機能をもたせている。

・実践記録メモ　・メモ帳　・スケジュール表　・アイデア帳　・目標実現のためのツール　・資料庫　・授業案　・学級経営記録　・読書メモ　・セミナーでの学び

これら全てを、一冊のノートに書き込んでいる。

機能を分類すると、次のようになる。

①　教師としての歩みの記録（授業実践記録、学級経営の記録）
②　仕事とスケジュールの管理簿（メモ帳、スケジュール）
③　アイデアを生み出す基地（アイデア帳、目標実現、資料庫）
④　自己投資をして得た知識や技能の記録（読書、セミナー）

例えば、二〇△△年の私の「基本ノート」には、最初の二〇ページだけで、次の内容が書かれてある。

①　一ページ目に目標（やりたい授業、学級経営の理想像、仕事上の目標など）
②　半年先ぐらいまでの大まかなスケジュールとやりたい仕事
③　二週間先までの予定
④　今日やりたい仕事
⑤　職員会議で考えたこと
⑥　授業で使えるアイデア
⑦　セミナーに参加して考えたこと

⑧　授業の技術
⑨　学級経営の技術
⑩　授業の細案（発問・指示・説明）
⑪　今後やりたい授業のテーマ
⑫　本を読んで考えたこと
⑬　授業後のメモ（子どもの意見やアイデア、私の授業反省）

## (2)　どんな場面でノートを活用しているか

基本ノートは、常に持ち歩くので、様々な場面で活用できる。

例えば、私は、一カ月に一度、車の検査に行く。毎回、検査終了までに一時間ほどの待ち時間がある。この時間には、いつも、ディーラーでコーヒーを飲みながら読書をしている。机の上には、ノートを開いている。一人静かにノートを開いて読書をしていると、ふっとアイデアが浮かぶ。新しい授業実践や、学級経営の方針、仕事の進め方など、仕事に関するアイデアが発想される。浮かんだアイデアを、そのつどメモする。

また、県外のセミナーに参加する際、ちょっとした待ち時間があると、喫茶店に入るようにしている。喫茶店でコーヒーを飲みながら、やはりノートを開く。二週間先ぐらいまで、スケジュールを立てる。時間があれば、このセミナーで学びたいことも書く。

## 4　ノートを書く上で最も大切な姿勢

### (1)　後で見て役立つノートにしよう

新卒一年目から、ノートを書き続けてきた。

初期のノートを見直すと、「キーワード」だけを書いたページが多いことに気付く。キーワードは書いてあるのだが、後で見直しても、まったく何のことか思い出せない。

また、講師が言っている言葉をそのまま書き写したページもある。

「子どもから学びましょう。」

「教師としての自分を出せばいいのです。」

などと書かれてある。

読み返しても、やはり何のことだかわからない。

おそらく、話の流れで、私が重要だと判断したのだろう。だが、今となっては話の全体像は思い出せないので、何に重要性を見出したのかがわからないのである。

**「誰かがこう言っていた」という文章は、後になって生産性がほとんどない。「大切なキーワードだけを羅列している」ノートは、後で見てもわからない。**

後で読んでも意味がわかる記録にしよう。できれば、後で読んで、学びが得られるようなノートにしよう。

そのためには、その時々の考えや気持ちを、自分の言葉で文章化して残すようにすればよい。

**自分の「考え」を文章にして記録する。**

## (2) どんなときでも自分の考えは残せる

例えば、職員会議中。

会議で誰かがしゃべっていることをメモしても仕方ない。自分が何を思っていて、何を考えているのかを書く。

しかも、キーワードではなく、ちゃんとした文章で書くようにする。

例えば、会議が長引いて、生産性がないとする。何も書くべき内容がない会議だったとする。

その場合でも、「なぜ会議が長引いているのか?」を、分析して書くことはできる。

他にも、「職員会議は、なぜ生産性がないのか?」をテーマに、自分の考えを書くことができる。

こういった自分の考えを文章化したものは、この世でたった一つしかない、自分の論文となる。

授業を見ているときも、同じである。授業者がしゃべっている言葉を、そのままメモしても仕方ない。自分の考えを書くべきだ。

授業で子どもが熱中しているのなら、「どうして子どもはこの授業に熱中しているのか？」を自分の頭で考えて分析して文章化してみるのだ。

反対に、子どもが退屈そうにしているなら、「なぜ、子どもは授業にのってこないのか？」を分析してみる。

自分の考えを文章化することで、ノートは後で読んで学べる財産となっていくのである。

## 5　一ページ一内容が基本

### (1)　見やすいノートにするためのポイント

後で見て、スッキリわかりやすいノートにするためには、次の点が大切だ。

「一ページ」に、「一つのテーマ」で書く。

一ページに、多くの情報を書かないようにする。

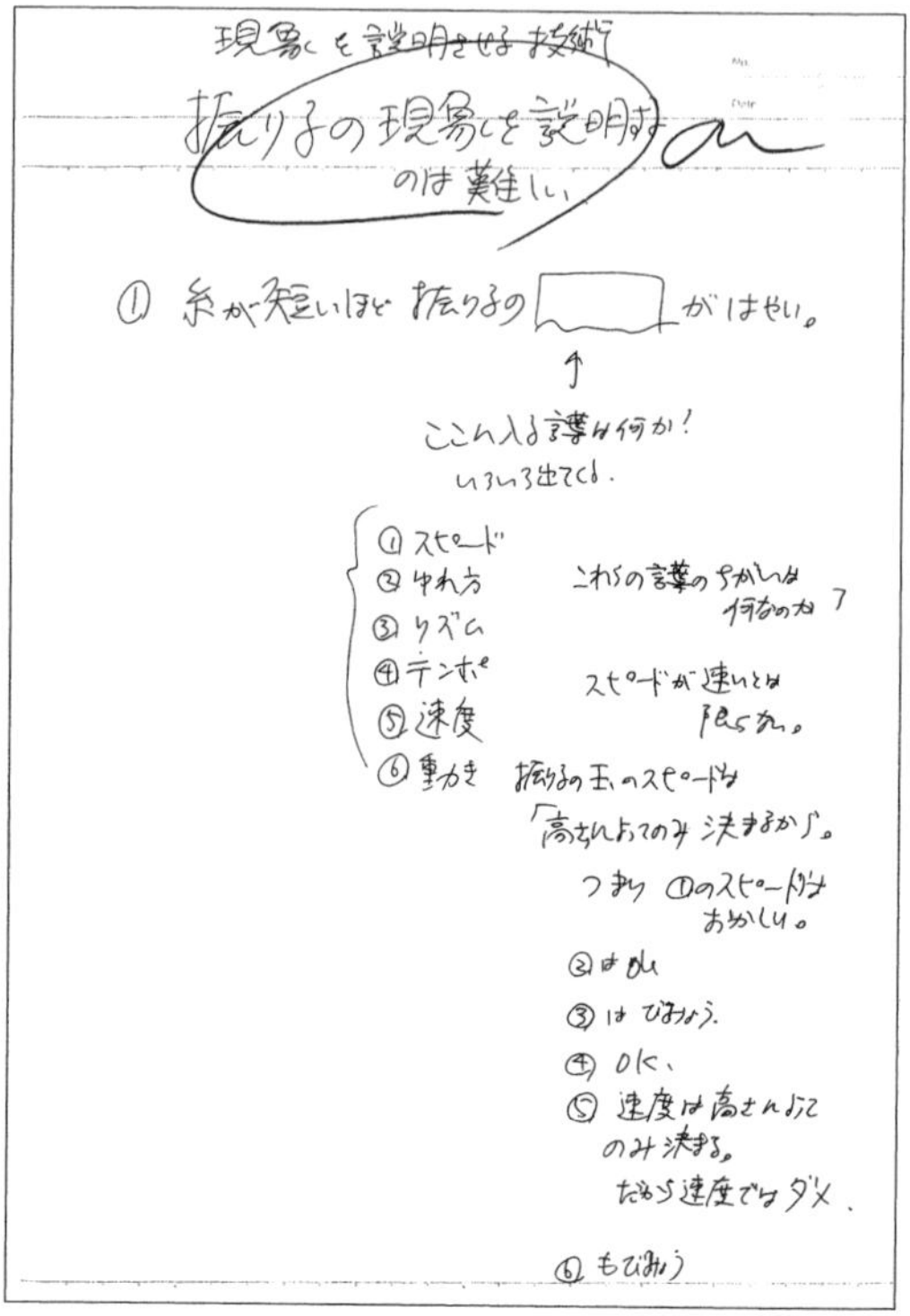
現象を説明させる技術
振り子の現象を説明するのは難しい
① 糸が短いほど振り子の　がはやい。
①スピード
②ゆれ方
③リズム
④テンポ
⑤速度
⑥動き
④ OK。
⑤ 速度は高さによってのみ決まる。
だから速度ではダメ。

小さな字で、複数のテーマの情報が、ごちゃごちゃと書いてあると、何のことだかわからなくなる。

一ページに、たった一つの内容だけを書くから、スッキリする。

もし、内容が長くなって、次のページにもいくようなら、見開き二ページにまとめるとよい。一目で、何の情報かがわからなければ、検索に時間がかかるためだ。

また、次の点も重要だ。

**後で読み返してすぐにわかるように、「題」をつけておく。**

ノートの一番上の欄外に、題を書く。
後で振り返ったときに、何のテーマで書いたのかが、一発でわかる。

## (2) 一ページにどんなテーマでどんな内容を書いているか

実際に、どのような内容をノートに書いているのか、次に示す。
ある教師の朝の会の指導を見ていて、メモした内容である。

> 「教師は厳しさと温かさが同居している存在である」
>
> 教師が朝の会をしているときに、やんちゃな子がたびたび口をはさんでいた。
> 挙手をして質問をしようとするのだ。
> 教師は、やんちゃな子が手をあげていても、温かく見てあげている。
> 無視をしているのではない。温かい目線を送っているのだ。
> 後で、指名して答えてあげている。
> 全体への指示をした後なので、まわりの子も余裕をもって聞いている。

「あー、関係ないこと言うぞ。おもしろいことを言うぞ。」という感じである。

すでに事務連絡が終わっているから、他の子も余裕があるのだ。

指名を遅らせることで、教師の威厳が生まれている。

しかも、暗黙の指導になっている。

「先生が話しているときに、質問をはさむんじゃないよって前言ったでしょ。」

それだけではない。温かく見守っていることで、「後で質問に答えてあげるからね。」

といっているのだ。

そこには、「ほんのちょっとの厳しさ」と「温かさ」が同居している。

教師は、厳しさと温かさが同居した存在でなければならない。


たった三分ほどの朝の会を、たまたま見たときにとったメモである。

見ているのは、どこにでもある、たかだか三分間の朝の会の様子である。

何のことはない。毎朝繰り返される、どこの学校でも見られる光景である。

だが、その光景を見ている人が意味を考えることで、いろいろと学ぶべき点が明らかにされていく。たかが朝の会であっても、教師は様々な教育技術を使っていることに驚かされる。ある場面を切り取り、その場面に意味をもたせることで、それが、学ぶべきエピソードとなる。

もちろん、自分が指導をしているときだって、ふとした瞬間に「これは、新しい発見だぞ」ということに気付くときがある。そんなときは、「自分の考え」を即メモしよう。

## 6　ノートを、アイデアを生み出す基地として使う

ノートを、アイデアを生み出す基地として使う場合の、使い方を紹介する。

まず、何らかのテーマで、アイデアが必要になる。例えば、「理科における書く力を養う授業」というようなテーマで、論文を書くことになったとしよう。

ノート見開き二ページを用意する。

テーマに沿って、思いついたアイデアがあれば、どんどん書いていく。

書いているうちに、別のアイデアが浮かんでくる。それもメモをとる。

最初に、とりあえずアイデアを書いておいて、それから資料集めに入る。指導要領や関係する書籍を読む。自分の過去の実践に目を通す。

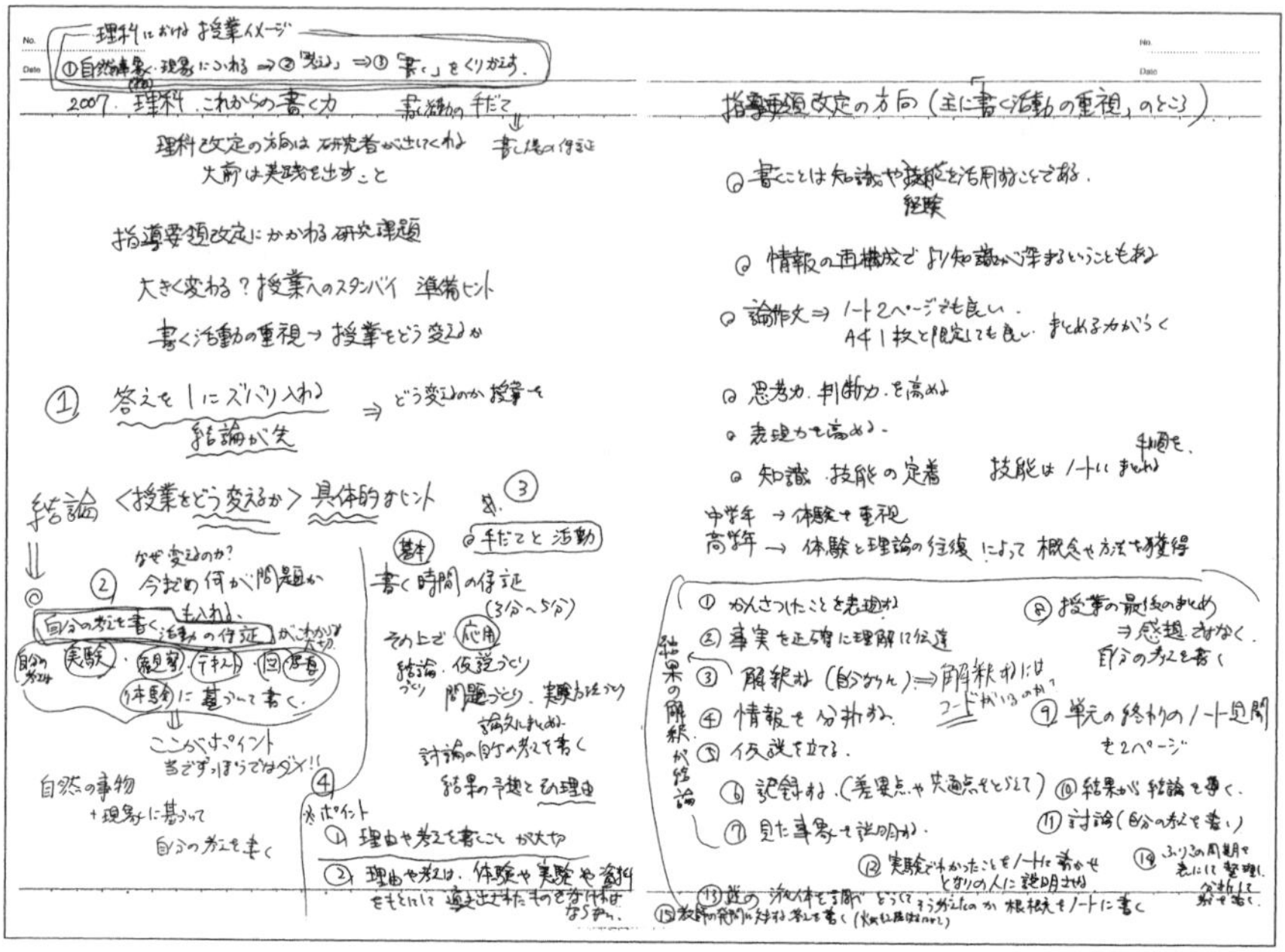


最初のアイデアは、ほうっておく。寝かせておく。

資料を集めて読んでいるうちに、やはりアイデアが浮かんでくる。アイデアが浮かんだら、そのページに書き込む。

資料集めが一通り終わってから、メモのページを見る。だんだんと構想が固まってくる。ノートを見ながら、一気に論文を書き上げる。

私は、大まかに、このようにしてアイデアを形にしている。論文でも授業でも、学級経営でも同じである。ノートにメモをとるという作業をしながら考えを進めている。

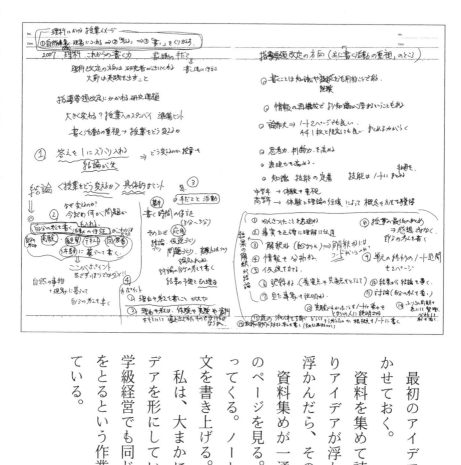

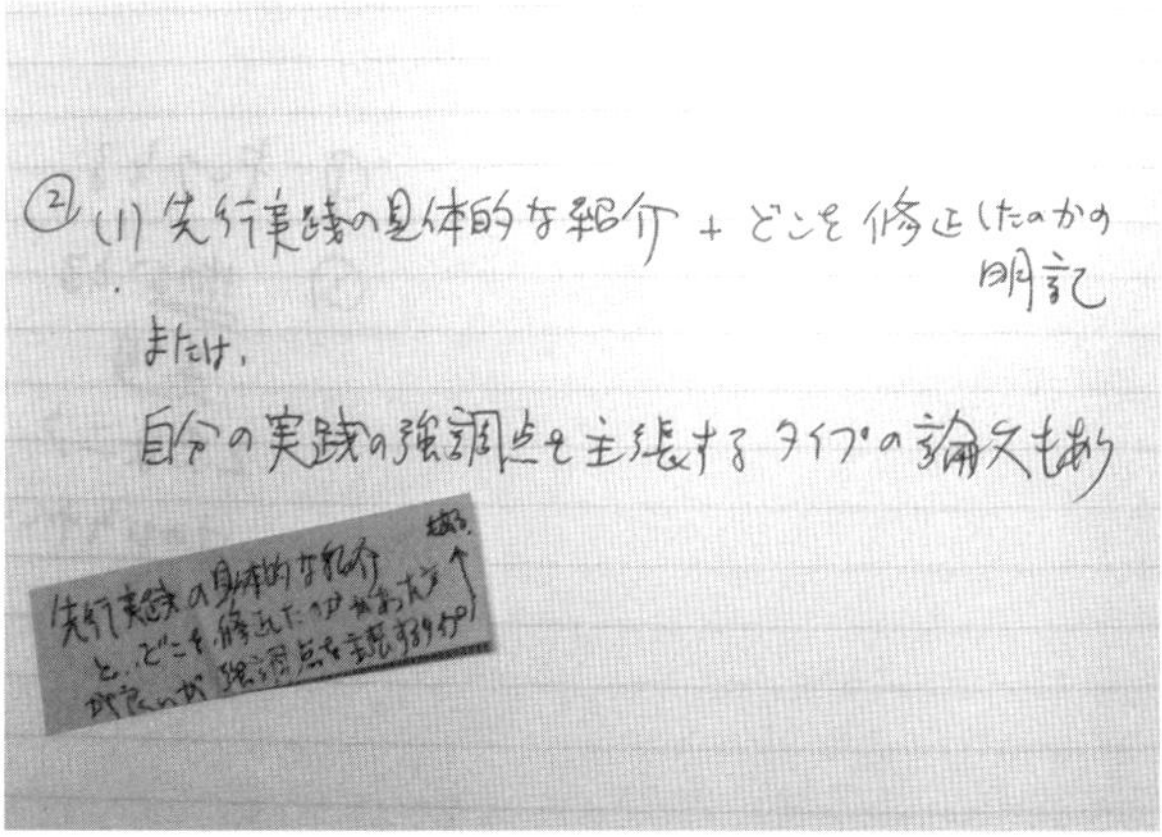


## 7　ノートを補助するメモ術

### (1)　突然のアイデアに対応するために

アイデアは、場所を選ばない。どんな場所であっても、突然、アイデアは浮かぶ。

私の場合、アイデアがよく浮かぶ場所には、メモ帳とペンを置くようにしている。

特に、寝室でアイデアが浮かぶことが多い。寝入ってから、しばらくして急にアイデアが浮かぶ。アイデアが浮かんだら、多少眠くても、とにかくアイデアをノートに記録する。数分後には、アイデアを忘れてしまうからだ。忘れないまでも、アイデアがぼやけてくる。アイデアが頭の中にクリアな状態でいてくれる「数分間」の中で、さっとメモをとる。

外出しているときには、財布にメモ用紙を入れている。外出時に財布を忘れることは、まず、ない。メモ用紙は、財布に入れておけば、確実に持ち運べる。

ノートがその場になくても、メモ帳に記録できれば安心である。

**後で、アイデアをメモした「メモ用紙」をノートに貼っておけばよい。**

複数のテーマを追っていると、頭の中から、急にアイデアが生まれてくることが多い。おそらく、頭の中で、考えが勝手にまとまっていって、ある程度形づくられると、アイデアとして出てくるのだと思われる。いつでも、記録できる備えがほしい。

## (2) 懇親会におけるメモの仕方

セミナーの後や、研究会の後の懇親会では、手帳を持っていく。

なぜ、懇親会では手帳なのか?

懇親会で、いろいろな企画が決まることもあるし、予定が決まることもある。スケジュール帳に、即、予定を記録しておくと、酔っていても忘れない。

名刺は、手帳に収納することができる。相手先の連絡先を聞いたら、手帳の個人情報リストに記入する。

さらに、手帳の中には、メモ用紙を入れている。メモ用紙は、厚手の高級紙を使用している。この厚手のメモ用紙は、ジョッターに入れてあり、ジョッターごと手帳に収納している。
飲み会で、手帳を忘れたときはどうするか？
どうしてもメモ用紙が見つからないときには、割りばしの紙など、その場にある紙を利用する。割りばしの紙を開くと、結構なスペースになる。
ペンは、スーツのポケットに常に入れておく。筆記具がないのが一番困る。

# 8　八割主義でとにかく書き出す

## (1)　ノートがなかなか進まない人へ

ノートにメモをとるときに、頭でメモする内容を構想してから、丁寧に書く人がいる。
これは、時間がかかる。原因は、二つである。
一つは、頭でメモする内容を構想するのに時間がかかるのである。
もう一つは、丁寧に書くのに時間がかかってしまう。
アイデアというのは、浮かんでくるときには、次々と浮かんでくるものである。
構想を練り、丁寧に書いていたら、とても間に合わない。
では、どうすればよいのか？

**ノートに書きながら、考えればよい。**

### (2) とにかく書き始めることが大切

私の場合、だいたいのアイデアが浮かんだ時点で、とにかく書き出すことを重視している。

**八割完成したらよいと思って、とにかく、頭で考えたことをノートに書き出す。**

書いていると、さらにアイデアが浮かぶ。書くことが、考えることになっている。書いていると、どんどん言葉が増えてくる。

文章が浮かばなかったら、キーワードを書き出してみる。

そうしているうちに、キーワード同士の関係が浮かんでくる。文章化されてくる。

そうして、書き終えると、結局ほぼ完成しているというようなことが多い。

だいたいの構想が頭に浮かんだら、とにかく書き出すことが大切だ。

## (3) 自分が読めればよい

ノートを丁寧に書くのに越したことはない。

だが、ノートは誰が見るというものでもない。丁寧に、いきなりの完成形を目指していなくてもよい。

後から、言葉を削除したり、反対に言葉を追加したくなることだってある。

**後から自分が読むことができれば、よしとする。**

一番怖いのは、アイデアの完成を待っているうちに、アイデアの中心部分を忘れてしまうことだ。

幹の部分を完成しさえしておけば、枝葉末節は、後からでも修正できる。アイデアの核心は、忘れないうちに、とにかく書いて記録しておくことが大切だ。

# 9　ノート活用の微細術

## (1)　ノートの検索機能を高めるために

ノートにも、デメリットはある。

一番のデメリットは、パソコンと違って、検索に時間がかかることだ。どこに何を書いていたのか、探すのに時間がかかるのである。

パソコンは、検索機能があるので、あっという間に探せるが、ノートはそうはいかない。

検索を少しでもしやすくするために、次の工夫をしている。

**付箋やラベルをつける。**

付箋やインデックスラベルに、そのページの題を書いておく。

また、パソコンにデータ保存してしまう方法もよく使う。

例えば、ノートに書いてある三〇〇文字ぐらいの小論文で、後で使えそうだと思えるものは、パソコンに打ち込むようにしている。

パソコンに打ち込む時間がなければ、写真に撮って、パソコンに入れておく。スキャナーで読み取ってもいい。画像として保存しておく。

## ノートに書かれた内容をパソコンに保存する。

ここで重要なのは、データには必ず、「長い名前」をつけることだ。名前には、ノートに書いた「見出し」をそのままつけるとよい。パソコンの検索機能ですぐに探せるようにしておく。

また、「色分け」もよく使う方法である。

## 大切な情報は色分けをしておく。

後でノートを振り返るときに、色のついたところは、念入りに見るようにしている。

## (2) 後で振り返るのに役立つちょっとした工夫

後で振り返るときに役立つ工夫を紹介する。

> ① 日付を入れる。
> ② 他人の資料は貼らない。自分の資料は積極的に貼る。
> ③ メモに時間がかかることは書かない。（写真と録音で済むことは書かない。）
> ④ 最初の数ページは、「アイデア帳」や「目標設定の欄」として空けておく。

日付は、振り返りに絶対に必要である。

他人の資料は、後で役立たないことが多い。できるだけ貼らない。

時間のかかるメモはしない。例えば、板書などは写さずに、デジカメで撮ればよい。討論における子どもの発言をメモすることもしない。録音すればよい。

ノートは、数ページ後から、書き始めるようにする。最初のページにはアイデアや目標を書くためである。後で最初のページだけを見れば、アイデアを振り返ることができる。

## (3) 基本ノートをなくさないために

ノートの紛失を防ぐために、ノートの表紙には名前を書いている。

さらに、住所をノートの最後のページに書いておくという手がある。「このノートは研究上大切なノートです。もし拾われたら、次の住所まで連絡をください。」このように書いておく。この方法は、私が大学院でフィールドワークをしているときに、大学の恩師から教わった。

Ⅱ章

# 授業を向上させるノート術

## 1 何をどう教えるかの構想を練る

新しい単元に入る前、私はノートを使って、「単元の構想」を練るようにしている。ノートは、見開き二ページを使用する。

**ノート見開き二ページに考えをまとめていく。**

見開き二ページだと、スペースも広いし、一目で何の情報かがわかる。

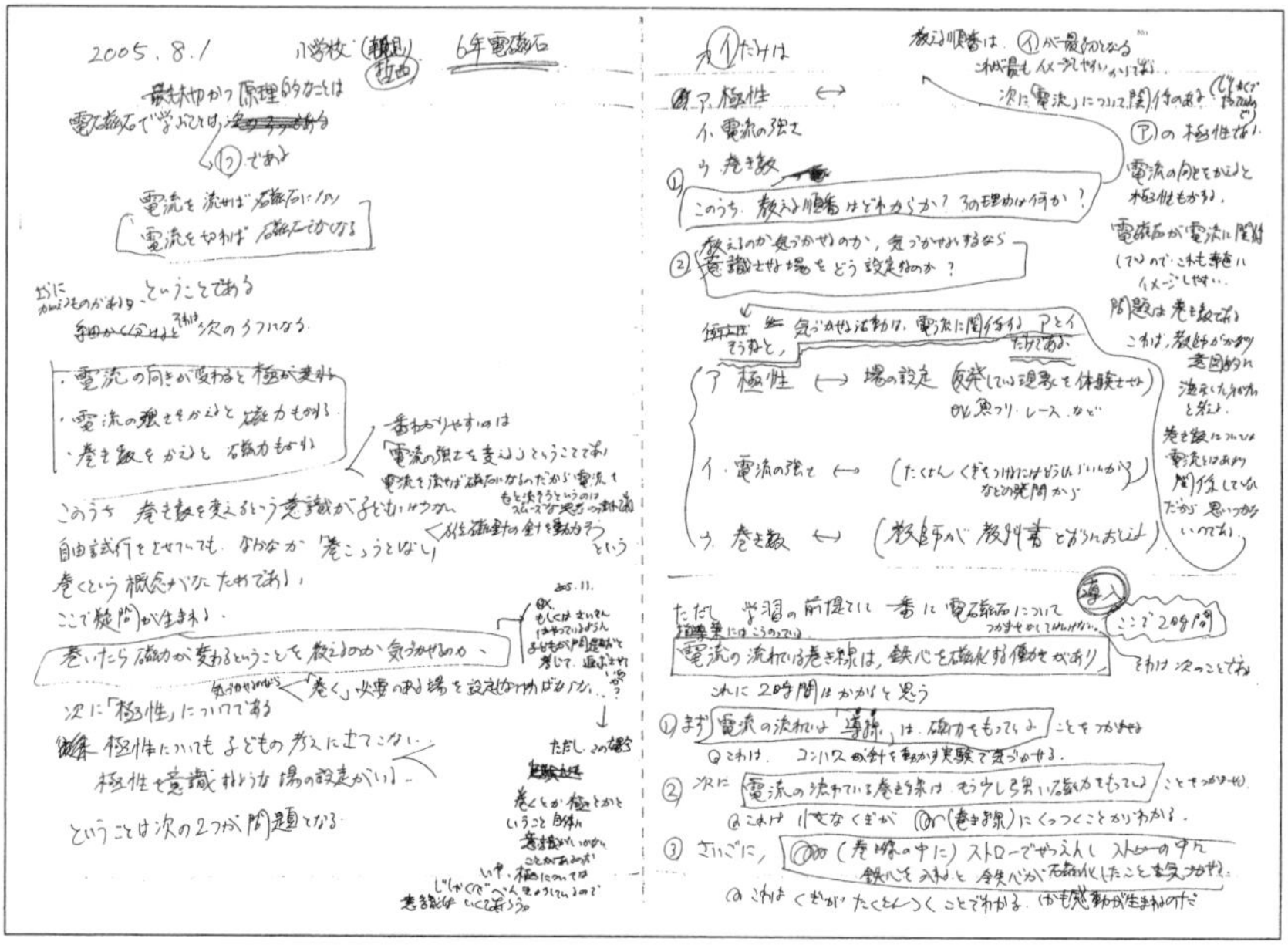

最初に参考にする資料は、学習指導要領である。学校教育では、これが原典である。

学習指導要領の「目標」を読む。この単元が、どういう目標をもって組まれた単元なのかを考える。

考えた内容をノートに書いていく。例えば、五年生の理科で、「この単元では、条件の統一をしながら実験を進めていく技能を身に付けさせることが大切だ」などと考えたことをメモしていく。

次に、学習指導要領の「内容」を見る。

「内容」を見れば、教えるべき知識や技能がはっきりする。

五年生理科「電流の働き」では、主に

次のことを教えたらよいことがわかる。

①「電流が流れているコイルは、鉄心を磁化する働きがあること。」

②「電磁石には極があること。」

③「電磁石の極は、電流の流れる向きによって変わること。」

④「電磁石の強さは、電流の強さや導線の巻数によって変わること。」

目標や内容を読み、自分で考えたことを書いていく。

・なぜ、「電流の流れているコイル」なのか？　「コイル」でなくてはだめなのか？　ここは、「電流の流れている導線」にすべきではないのか？

・なぜ「鉄心」なのか？　ここは、「鉄」でいいのではないか？

・すなわち、教える内容は、「電流が流れている導線は鉄を磁化する働きがあること」ではないのか？　なぜ「コイル」であり、「鉄心」でなくてはならないのか？

ノートにメモした「気付き」や「疑問」が、後々になって、重要な情報になることが多い。

**学習指導要領を読んで、気付いたことをメモしていく。**

目標と内容がわかったら、教科書を読む。私の場合、理科が研究分野ということもあり、各社が発行している全ての教科書に目を通すことにしている。

だいたいの授業の流れが理解できたら、私が考えるのは「授業のテーマ」である。

## 何を教えたいのか、一言でまとめる。

「電流の働き」の単元で考えてみる。「電流の働き」で、何を最も伝えたいのか。

もちろん、学習指導要領に載っている内容は、全て教えなくてはならない。

だが、ここは、あえて一言でまとめてみる。その内容一つで、単元全てを貫いて、テーマとなるべきものは何なのかを考える。

ある年の授業では、「電気によって磁界が生み出せること」が、教える内容の最大のテーマだと結論づけた。

授業で伝えたいテーマが決まったら、次に、「授業の展開」を考える。

実際に、私は次のように思考して、授業展開を構想していった。

① 「単元の最初に、『電気によって磁界が生み出せること』を教えたい。」

②「教師が一方的に説明するだけでは、おもしろみにかける授業になる。インパクトも少ない。」
③「電気によって、磁界が生み出せることに気付かせることはできないか？」
④「電気と磁気との関係を発見した人と同じ実験をすれば、子どもは磁界の発生に気付くかもしれない。」
⑤「ただし、これは人類にとっての大発見である。そう簡単に子どもが発見できることではない。だが、それでもあれこれと手立てをうっていけば、子どもにも気付かせることができるのではないか？」
⑥「最初に実験をたっぷりさせていけばよいのだ。」
こういう思考の過程もノートにメモをしていくことが大切だ。書いていくことで、頭の中も整理される。

授業の展開が大まかに決まったら、最後に、具体的な授業案を考えていく。
教師の具体的な「発問・指示・説明」まで考えて、メモをとる。
私が構想した授業の第一時を示す。

①　導線一本（50㎝）と乾電池一つで、導線を電池につなぐ。導線が温かくなることを確認。
「電気は熱を生み出します。」
②　コンパスに導線を近付ける。
「導線を近付けると、コンパスが動きました。考えられる理由を予想して、ノートに書きなさい。」
③　電気は磁石の力を生み出します。導線の近くに鉄を置くと、鉄は、磁石になります。
「導線を釘に巻きつけて磁石になるかどうか確かめてごらんなさい。」

つまり、私が授業を構想するときに行う手順をまとめると、次のようになる。

> ①　この内容をこのように教えたいという「授業のテーマ」を決める。
> ②　「授業のテーマ」を実現させるための「手立て」を考える。

ノートにメモをとることで、思考が深まっていく。

## 2 授業の組み立てをメモする

文部科学省委託の「体力づくりプロジェクト委員」を一年間務めた。外部から多くの方を招いて、公開授業を行った。体育の授業である。授業の構想を練り始めたのは、公開授業の三カ月前。夏休みの終わりに、ホテルで会議が行われた。体力づくりプロジェクト委員に選ばれた体育主任と大学教授、指導主事らが集まっての会議である。小学校からは、私も含め県内から四名が選出されていた。

その会議のときに、授業の構想を練ったのが最初である。

指導要領を見ながら、気付いたことをメモしていった。

そして、いつものように、「授業のテーマ」を考えた。

**子どもが楽しくできる体力づくりの授業を行う。**

このテーマに沿って「単元計画」と公開授業の「授業案」を考えていった。

公開授業を構想した最初のメモを見ると、次のような授業の組み立てがノートに書かれてある。

1　ランニング
2　体ほぐし
3　各種体力アップメニュー

まだ、ずいぶんとラフである。時間配分などは書かれていない。その場の思いつきを書いているだけである。

しばらく後になると、次の組み立てに変化している。

1　準備運動
2　「柔らかさを高める運動」を紹介して、子どもに取り組ませる。
3　「巧みな動きを高める運動」を三つ紹介して、子どもに取り組ませる。
4　「力強さを高める運動」を一つ紹介して、子どもに取り組ませる。

5　「次の時間に、どれを選んで練習するか決めましょう。」

徐々に、一時間の具体的なイメージができてきている。

公開授業の一カ月前になって、体育の研究授業を一度行っている。

研究授業の後のメモに、次のものがある。


「子どもの気付きを大切にして、子どもに工夫を語らせる」

「子どもの工夫を教師が取り上げる」

「運動のポイントを先に示す」

「運動に発展性があることを示す」


このメモは、これから行う公開授業に向けて、足りない点を書いたものである。

例えば、「子どもに工夫を語らせる」というのは、「言語活動の充実」を意識せよという視点で、書いているのだ。

研究授業後の「授業の組み立てのメモ」を見ると、ずいぶん進化している。

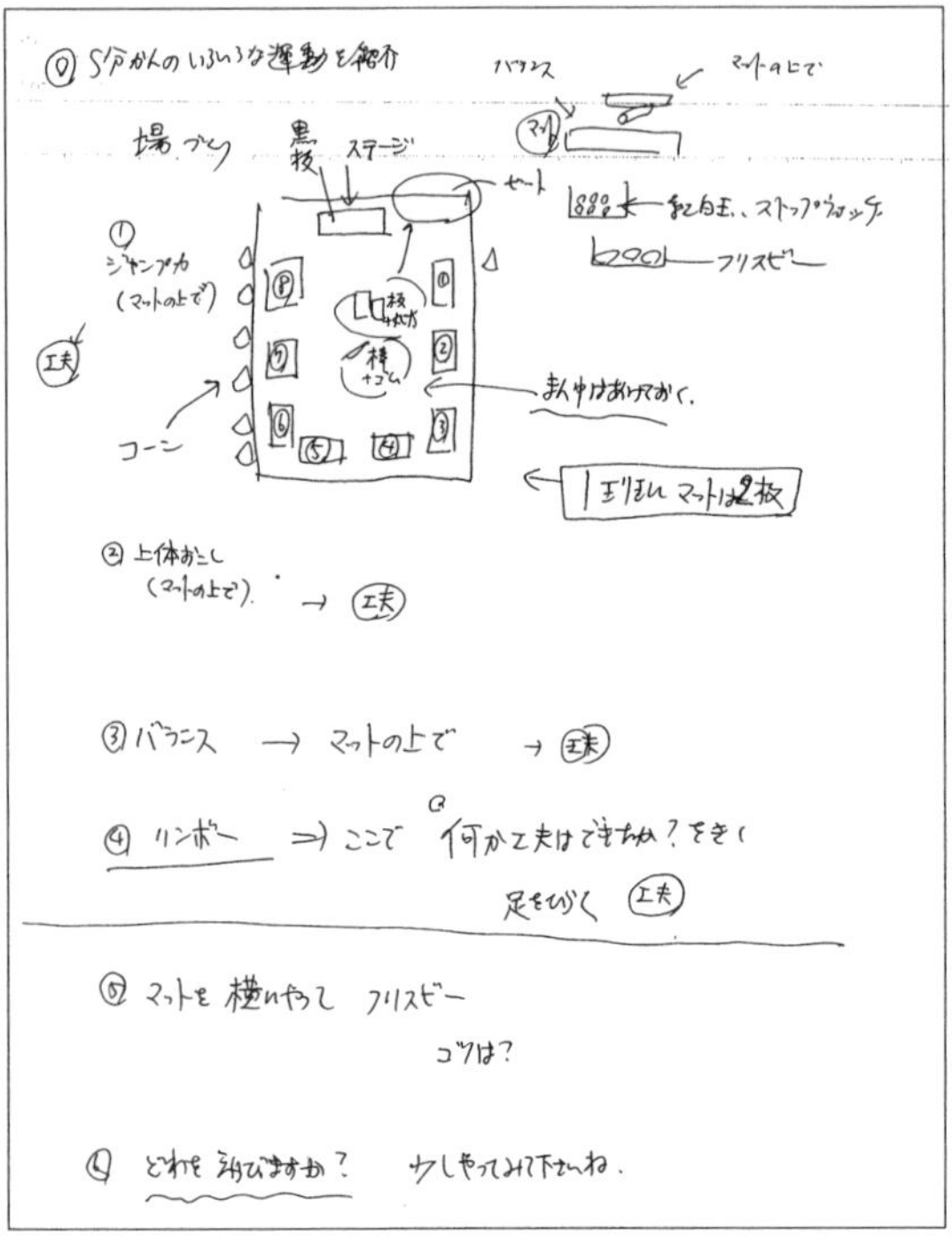


1 今まで取り組んできた体力アップメニューを行う。（好きな運動に分かれて。）

2 ジャンプ力を鍛えるメニューを紹介し、練習させる。

3 筋力を鍛えるメニューを紹介し、練習させる。

4 バランスを鍛えるメニューを紹介し、練習させる。

5 柔軟性を鍛えるメニューを紹介し、練習させる。

6 柔軟性を鍛えるメニューで、何か工夫はできたかを聞く。

7 巧みな動きを鍛えるメニューを紹介し、練習させる。

8 どれを選びますか。やってみましょう。

「場づくり」の図も書かれてある。この時点で、もうほぼ完成に近付いていると感じていた。

だが、どんなに完璧な指導案と思えても、修正部分は次々と生まれてくるものだ。

公開授業直前のメモでは、さらに組み立てが変わっている。

1　今まで取り組んできた体力アップメニューを行う。（好きな運動に分かれて。）
2　授業の目的を確認する。「自分の得意な体力か、苦手な体力を伸ばそう。」
3　ジャンプ力を鍛えるメニューを紹介し、練習させる。
4　筋力を鍛えるメニューを紹介し、練習させる。
5　バランスを鍛えるメニューを紹介し、練習させる。
6　柔軟性を鍛えるメニューを紹介し、練習させる。
7　柔軟性を鍛えるメニューで、何か工夫はできたかを聞く。紹介タイム。
8　巧みな動きを鍛えるメニューを紹介し、練習させる。
9　五つのメニューの発展の動きを、図で紹介する。
10　各班で一つ発展のメニューを選んで、練習してごらんなさい。

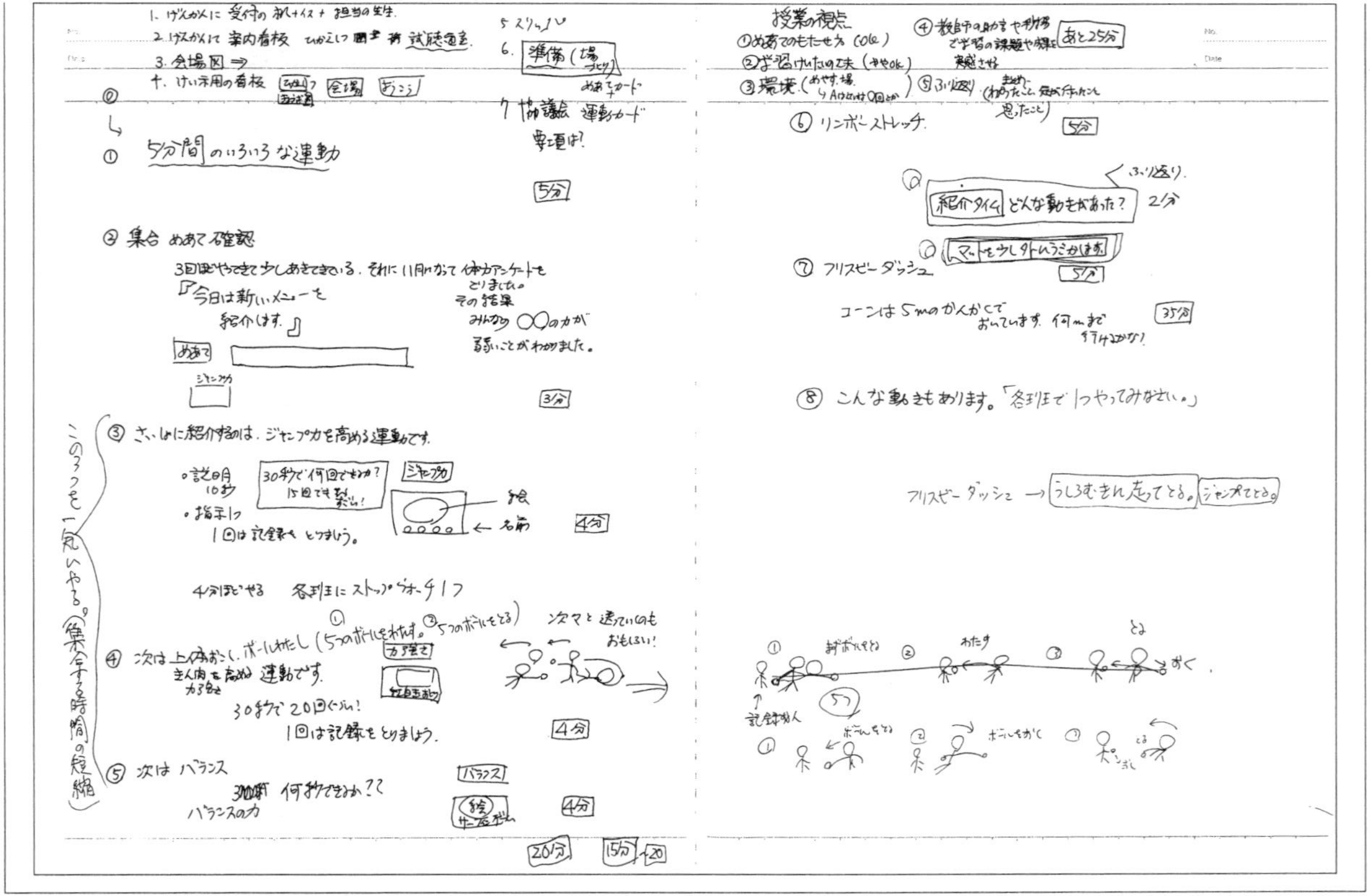
1. げんかんに 受付の机+イス+担当の先生
2. げんかんに 案内看板 ひかえしつ 図書 試聴覚室
3. 会場図 ⇒
4. けい示用の看板 ひかえしつ 試聴覚室 会場 おこう
5. スリッパ
6. 準備（場 ）めあてカード
7. 協議会 運動カード 要項は?

⓪
①5分間のいろいろな運動 5分

② 集合 めあて確認
3回ほどやってきて少しあきてきている。それに11月にかて体力アンケートをとりました。その結果 みんなの○○の力が弱いことがわかりました。
『今日は新しいメニューを紹介します。』
めあて
ジャンプ力
3分

③ さいしょに紹介するのは、ジャンプ力を高める運動です。
・説明 10秒 30秒で何回できるか? 15回でも凄い! ジャンプ力 絵 名前
・指示1つ 1回は記録をとりましょう。 4分
4分ほどやる 各列に ストップウォッチ1つ

④ 次は上体おこし、ボールわたし（①5つのボールをわたす。②5つのボールをとる） 次々と速いのもおもしろい!
主に腹筋を高める運動です。 力強さ
30秒で20回ぐらい!
1回は記録をとりましょう。 4分

⑤ 次は バランス 30秒 何秒できるか??
バランスの力 バランス 絵 4分

この3つを一気にやる。集合する時間の短縮
20分 15分 20

授業の視点
①めあてのもたせ方（OK）
②学習形態の工夫（ややOK）
③環境（めやす、場 Aはなれば○回か）
④教師の助言や称揚 ご学習の課題や成果に気付かせる
⑤ふり返り（まとめ）（わかったこと、気が付いたこと、思ったこと）
あと25分

⑥ リンボーストレッチ 5分
② 紹介タイム どんな動きがあった? ふり返り 2分
① マットを少しずつうごかします 5分

⑦ フリスビーダッシュ
コーンは5mのかんかくでおいています。何mまで行けるかな? 35分

⑧ こんな動きもあります。「各列で1つやってみなさい。」
フリスビーダッシュ → うしろむきに走ってとる。 ジャンプしてとる。

① あおむけでとる ② わたす ③ とる おく
↑ 記録する人 5つ
① ボールをとる ② ボールをおく ③ とる

この授業の組み立てを使って、別のクラスで飛び込み授業を行った。本番一週間前である。授業は盛り上がった。だが、まだ足りないところもあるのではないかとも思えてきた。当日になって、ひらめきが訪れた。公開授業の数時間前である。公開授業の当日になって、次のように授業の組み立てを変更した。

1　体育館を二周軽く走らせる。
2　今まで取り組んできた体力アップメニューを行う。(好きな運動に分かれて。)
3　授業の目的を確認する。「自分の得意な体力か、苦手な体力を伸ばそう。」
4　ジャンプ力を鍛えるメニューを紹介し、練習させる。
5　メニューを二つ一気に紹介する。「筋力を鍛えるメニュー」と「バランスを鍛えるメニュー」の二つを紹介し、練習させる。※空白の時間をなくすため。
6　柔軟性を鍛えるメニューを紹介し、練習させる。
7　巧みな動きを鍛えるメニューを紹介し、練習させる。
8　五つのメニューで、どんな動きの工夫ができそうか、発表させる。
9　五つのメニューの発展の動きを、教師が図で紹介する。

10　各班で一つ発展のメニューを選んで、練習してごらんなさい。
11　次の時間に自分は何の運動を選ぶか考えさせる。

ほんのわずかな変化である。だが、この「ほんのわずかな」組み立ての変化が、授業では「劇的な」変化を起こしたのである。

授業は、四十五分ピッタリに終わった。チャイムと同時に授業も終わった。

授業を参観された方々が、子どもの生き生きとした様子を絶賛されていた。

どれだけ授業の組み立てを変えられるか。何度、組み立てを修正できるか。それが授業をより良いものにしていく。ノートのメモがなかったら、ここまで何度も組み立てを変えることはなかった。

## 3　授業細案の書き方

授業の組み立てが決まったら、授業の細案を書いていく。

授業細案に、書くべきは次の三つである。

| |
|---|
| ①　発問<br>②　指示<br>③　説明 |

これらを、教師が言う言葉通りに書き出していく。

注意すべき点がある。

「指示だけ」をすることは、ある。

「説明だけ」をすることは、ある。

だが、「発問だけ」というのは、注意が必要である。

多くの場合、「発問」と「指示」はセットにした方がよい。

例えば、次のごとくである。社会科における「発問＋指示」を示す。

「食料の輸入を増やした方が得だという意見に賛成ですか、反対ですか。（発問）ノートに書きなさい。（指示）」

「日本の最南端は何都道府県ですか。（発問）地図帳で調べなさい。（指示）」

「昔の人は、冷蔵庫の代わりにどのようにして食料の新鮮さを保っていたのですか。（発問）お隣さんと相談しなさい。（指示）」

なぜ、指示をするのか。

発問だけだと、頭の回転の速い子がパッと発表して終わりである。じっくり考えたい子や、まだ考えがまとまっていない子が、授業に参加できていないという状態になる。

だからこそ、「ここは子どもに考えさせたい」と思った発問は、考える時間を確保してやりたい。考える時間を確保するからこそ、全員参加の授業になる。

さらに、「発問・指示・説明」をノートに書くときに、次の工夫をしている。

## 時間配分を書いておく。

これは単に授業の計画という意味だけではない。授業の時間感覚を磨くことにもなる。

「発問に対して、考えをもたせる時間はどれぐらいが適度なのか？」

「資料の読み取りにかかる時間はどれぐらいなのか？」

こういったことを予想して、時間配分を書いていく。

そして、教師の発問・指示・説明のもとに、予想される子どもの反応も書いておくとよい。

**予想される子どもの反応をあらかじめ書いておく。**

授業後に、発問に対する子どもの反応を記録する。教師の予想と、実際の授業における子どもの反応を比べてみるとよい。教師の発問に対し、子どもが、予想だにしない意見を言うときがある。そんなときは、なぜ教師の予想と違ったのかを分析すると、学びが多い。

## 4　発問・指示・説明の言葉を確定する

### (1)　発問の言葉を確定する作業

細案ができたら、さらに行うことがある。
それは、発問の言葉の吟味である。
言い方一つで、子どもの反応は変わる。

例えば理科で、植物の受精を教える単元がある。第一時間目の導入。最初の発問に何をもってくるかを考える。

次の発問は、アマの発問である。

「朝顔の種は、どのようにできますか。」

これでは、子どもは動かない。発表できない。そもそも何を問われているのかさえわからないことが多い。教師が期待する答えとしては、「花が咲いて実ができて、その中に種ができる」とか、「受粉して種ができる」とか、そういうのを期待しているらしい。

受粉の仕組みを教える前に、「おしべ」と「めしべ」とは何かを教えるべきである。

次の発問の方がよい。

「朝顔の花の中はどうなっていますか。絵に描きなさい。」

これなら、意味がはっきりする。朝顔の中を見たことがある子は多い。しかし、思い出せない。花の中身に興味をもつだろう。

もし、「種」に注目させたいなら、次の発問がよい。

「朝顔の種は、どこにできますか。」

めしべの先には種ができない。花粉がめしべの先について、めしべの下に種ができる。

花粉から花粉管が伸びるのである。花のどこに種ができるのかは、子どもによって予想が異なる。やはり、観察したいという意欲にかられることだろう。

**子どもが動く言葉を考え、言葉を確定する。**

細案を見ながら、子どもが動く言葉になっているかどうかを吟味する必要がある。

### (2) 言葉を短くする

「発問・指示・説明」の三つに共通して気を付けるのは、次である。

**言葉を短くする。**

言葉は短い方が、子どもは聞きとりやすい。意味も理解しやすい。
特別支援を要する子どもなど、教師がダラダラとしゃべっていると、途中で理解できなくなってしまう。授業のテンポも落ちる。

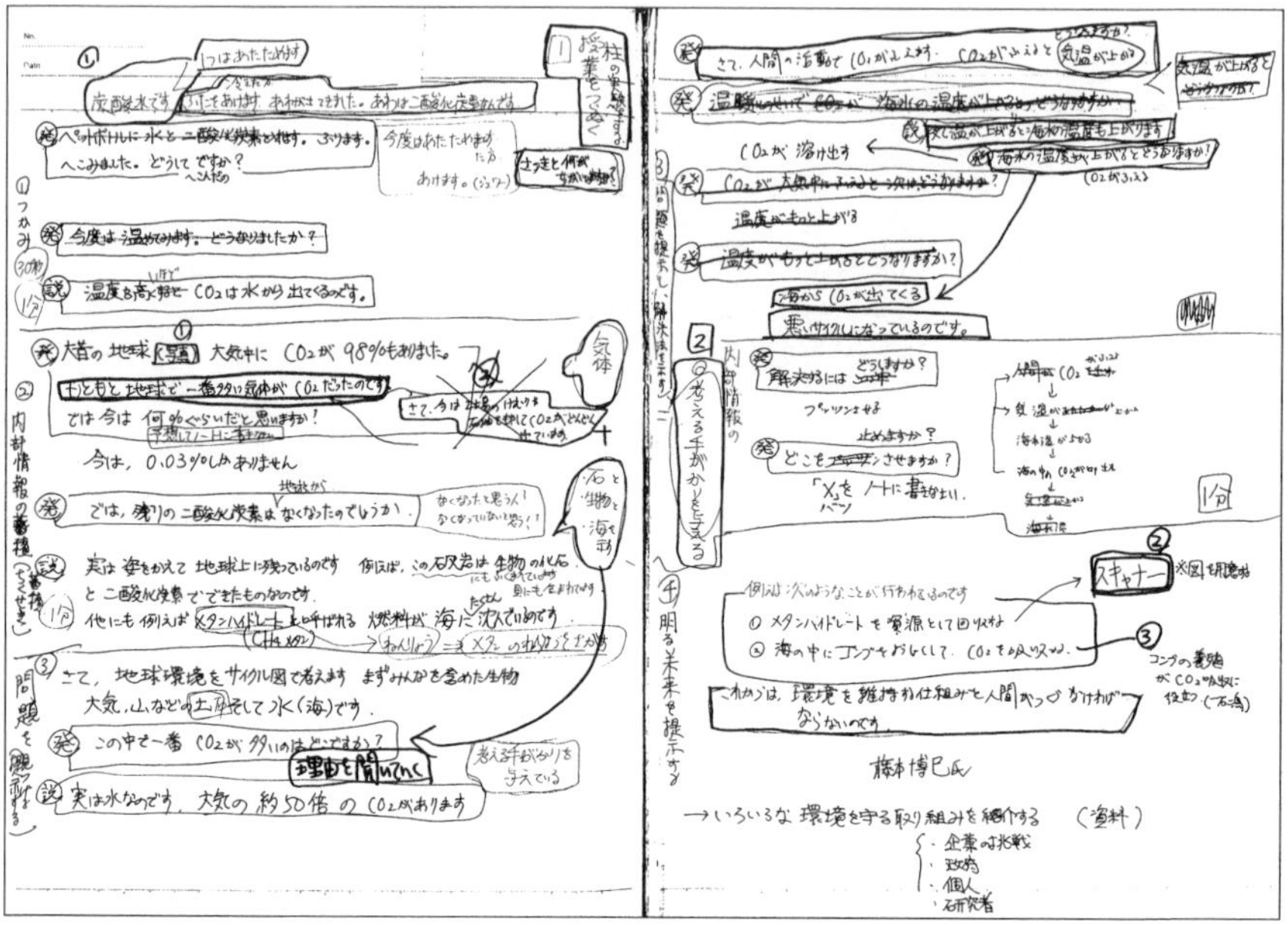


最初に書いた細案を読むと、冗長なことがほとんどである。

いらない言葉を削っていく。これ以上ないぐらいに削っていく。時々、口に出して読んでみる。まだ、長い。もう、限界というぐらい削っていく。

ノートは真っ赤になる。振り返ってみると、ほとんどいらない言葉だったということに気付く。最初の言葉の、十分の一になるまで削れることだってある。

ただし、説明だけは、削りすぎるとわけがわからなくなる。

説明は、十秒から二十秒ぐらいでまとめたらよい。詳しく説明せざるを得ないときには、三十秒を上限として考える。

それを超えると、どんな説明でも、冗長すぎて子どもには届かない。

発問と指示は、一言でまとめる。発問と指示は短ければ短いほどよい。

例えば、国語の授業で漢字ドリルに取り組ませるときの指示は、「一秒」である。

一学期最初は、次のように指示を出している。

「ドリルを出しなさい。三ページを開きます。三つの新出漢字を練習します。では、はじめ。」

しばらくすると、次のようになってくる。

「漢字練習三つ。はじめ。」

「漢字練習。どうぞ。」

毎回、同じようにドリルに取り組んでいると、最後には、指示がいらなくなる。指示は「〇秒《ゼロ》」になる。

「もう、漢字練習を始めている人がいますね。えらい。」

### (3)　一つに絞れているか

発問・指示・説明は、たった一つのことについて行う。

発問なら、「物語の主人公は、何を見たのですか」といった具合である。

二つになると、とたんに難しくなる。

「物語の主人公は、何を見て、どんな気持ちになったのですか。」

二つ以上の内容を尋ねると、混乱する子どもがいる。発達障害をもっている子どもには、答えることができない問いなのである。

「できる子どもは簡単にできるが、できない子どもは混乱する」、こういう発問はしてはならない。

どうしても、二つの内容を発問に含めるのなら、黒板に書いてやるなどの工夫がいる。

指示も一つに絞る。若い教師で次のような指示を出す人がいる。

「習字の用意をします。筆を出して、半紙を置きなさい。できたら、手をひざに置きなさい。よい姿勢で待って、先生にできたという合図を送りなさい。」

子どもは、途中から教師の言葉を聞いていない。指示が多すぎて、全部覚えきれないからだ。指示も、たった一つの内容に絞られているかどうかをチェックする必要がある。

## 5　使えそうな発問を書き出す

### (1)　良い発問とは

授業の中核を担うのが、「発問」である。

何かを問い、子どもに何かを考えさせ、何かの知識や技能に気付かせたり理解させたりするために行うのが、「発問」である。

三年生の社会科で「昔調べ」の単元がある。次の発問をする。

「昔は冷蔵庫がありませんでした。どうやって食べ物が腐らないようにしたのでしょうか。予想してノートに書きなさい。」

子どもたちは、実に多くの答えを出す。

「洞窟に食糧を入れる」、「つぼに入れる」、「地下に埋める」などである。

「どの方法に賛成か？」などと聞くと、大盛り上がりになる。

授業の良し悪しは、とりあえずは、この「発問」の良し悪しによって左右される。

良い授業にするためには、良い発問を用意しなくてはならない。
私の考える良い発問とは、次のような条件を満たすものである。

### どの子も頭を悩ませて考える知的な問い

## (2) 良い発問の見つけ方

良い発問を考え出すのは、難しい。経験の少ない若い教師にとっては、一部の子どもが頭を悩ませる発問を考え出すことはできても、「どの子も」頭を悩ませるといったレベルの問いを考え出すのはかなり困難であろう。

教師になって早々の経験の少ないうちは、次の方法をとる。

### 先行実践を探して、良い発問を見つけ出しメモをとる。

先行実践を探せば、必ず良い発問に出会えるはずである。

良い発問かどうかは、子どもの反応でわかる。すなわち、どの子どもも熱中して思考していれば、良い発問と言える。

できるだけたくさんの先行実践に触れ、良さそうな発問をメモして、自分なりに、どう使うかを考えるべきである。もちろん、先行実践の発問をそのまま真似してもよい。

**発問を集める過程で、良い発問とは何かが感覚としてわかってくる。**

先行実践の発問を集めることで、ある程度まで、「発問の型」が見えてくる。発問の型を知るのが、発問づくりにおける第一段階である。

### (3)　良い発問を創る力の養い方

発問の型を知れば、すぐに良い発問が創れるようになるかと言えば、そうではない。良い発問を創り出すためには、実際に、発問を創ってみるという作業を行ってみなくてはならない。

発問を生み出す力を養うために、私がやっていることを紹介する。

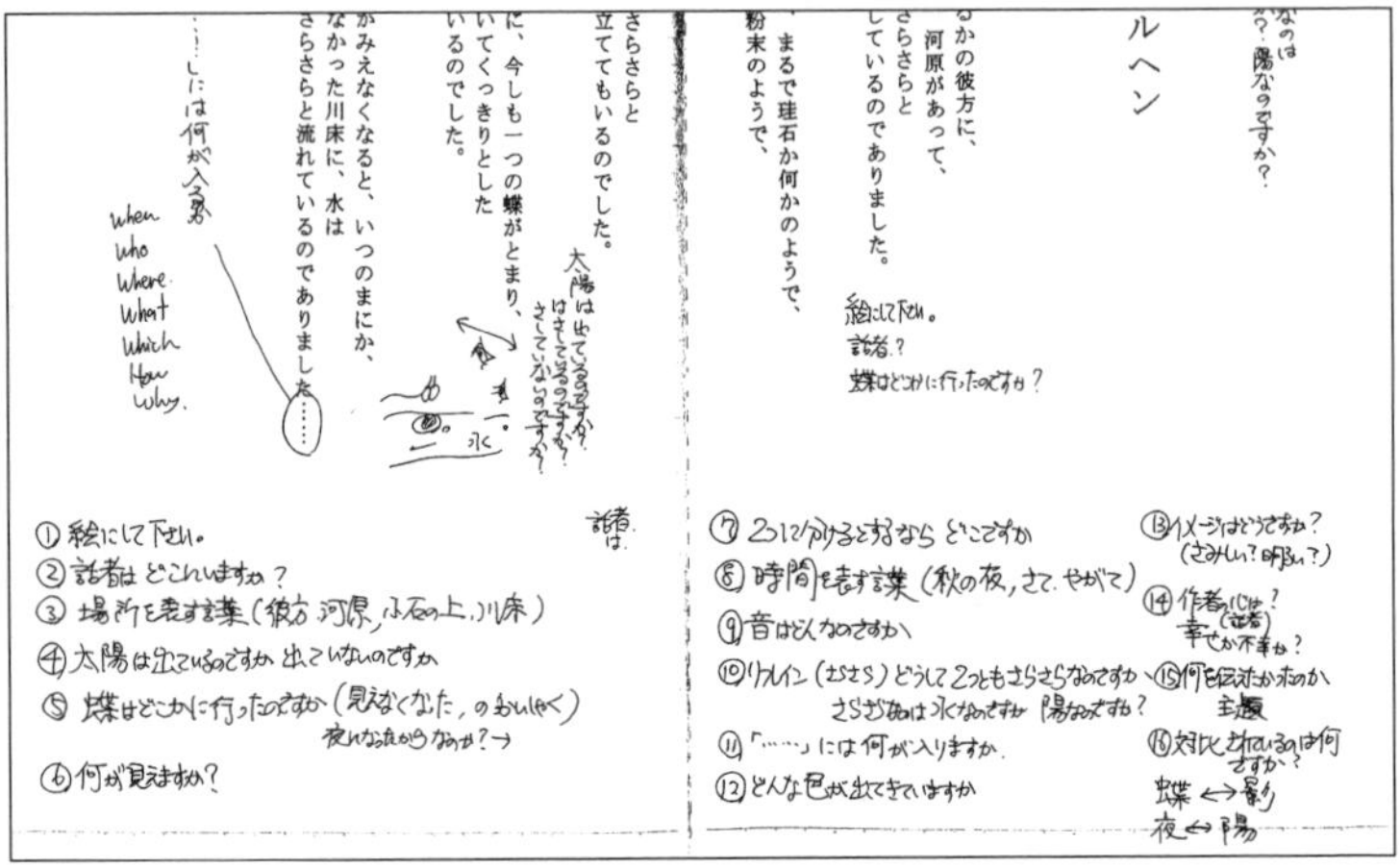


ノートは、やはり、見開き二ページを使用する。社会科や国語科など、教えるべき教科書のページを見ながら、一時間の授業を考えていく。

まずは、教科書を一度読む。国語の場合、教材文を声に出して読む。

一度読み終えたら、気付きや疑問を、ノートにメモしていく。もし、発問が浮かんだら、それもメモしておく。

教科書は、十回、二十回と読んでいく。教科書を読むごとに、気付きや発問をメモする。

わからない言葉やあいまいな言葉は、辞書や辞典などの資料で確認をしていく。社会科で、例えば六年の歴史を教えるなら、様々な歴史の資料を使って、その時代の出来事を調べておく。

教科書は、縮小コピーをして、ノートに貼っておくとよい。教科書の文章にも、気付いたことをメモすることができる。
発問をメモした後で、必ずすることがある。

**発問に対する答えも書いておく。**

メモした発問を数えると、かなりの数になっている。三十個程度の発問が考えられているはずである。この三十個をそのまま授業で使うわけにはいかない。良い発問もあれば、悪い発問もある。

**良い発問を選んで、順序立てる。**

「簡単な発問から行っていく」のが原則である。
意見が分かれそうな「知的な発問」は、最後の方にもっていく。
自分なりに授業を考えたら、最後に行うのは、次のことである。

## 自分の考えた授業案と先行実践を比べてみる。

自分なりに考えた授業案と、優れた先行実践とを比べるのである。

授業の力が足りない若い頃は、自分の授業のお粗末さに、愕然となるはずである。自分には、授業力が足りない。それが事実なら仕方ない。授業力が足りないと自覚するところから、修業はスタートするのだ。

先行実践の発問で取り入れられそうな発問は、取り入れていく。その際、参考にした先行実践をノートにメモしておく。

授業後には、反省を行う。

## 発問に対する子どもの反応を記録しておく。

良かれと思っていた発問に、子どもが反応しないといったことが起きる。逆に、メインとは思っていなかった発問に、子どもが熱中するというようなことも起きる。それはなぜなのかを分析していく。

ノートを活用すれば授業後すぐに指導記録がとれる。授業後の休み時間を利用して、簡単に授業反省のメモをとるとよい。

授業中に、いきなり良い発問が浮かぶことがある。これも、授業後には、ノートにメモをとっておく。「より良い授業案は、授業後に生まれることもある」と意識しておくだけで、ノートを用意しておく気になる。

①発問の型を知り、②発問を創る稽古を行い、③先行実践と比べ、④授業で実践し、⑤反省するという繰り返しの中で、発問を創る力は養われていく。

## 6　ノートを利用して授業後のフィードバックを行う

### (1)　指導後の反省は結果をもとに行う

授業の後で、ノートに書かれた指導案を振り返る。

授業の後で、何を振り返るのか。

## 教えたい内容を「効果的に」教えることができたかどうか。

授業とは、教師の意図的、計画的な行為である。何らかの目標をもとに、教えたい内容を設定し、効果的に教える営みである。

体育を例にとるとわかりやすい。

「水泳で25mを泳ぐ力を養う」という、教えるべき内容を決定する。指導が良かったかどうかは、25mが泳げたかどうかという結果で判断する。もちろん、息つぎができるようになったとか、浮くことができるようになったとか、向上した技能も結果の一部となる。

結果をもとに、教授行為が良かったのかどうかを考える。結果として、教えるべき内容を子どもが習得できていれば、まずは教授行為が良かったと考えてよい。

ただし、無理やり泳がせたり、体力主義的に、何度も何度も泳がせたりして、時間がかかって結果を達成したというのでは、あまり指導がうまくいったとは言えない。

だからこそ、「効果的に」教えることができたかどうかを振り返る必要がある。

もしも、結果がかんばしくなかった場合には、失敗の原因を分析しなくてはならない。

次に示すどこかに、失敗の原因があることが多い。

> 1　教えたい内容（目標）が高度すぎた。
> 2　教える手立てが適切ではなかった。
> 3　教える手立てはよかったが、教える教師の腕が未熟だった。

## (2)　研究授業におけるフィードバックの仕方

研究授業の後には、授業反省の会をもつ。

反省会では、授業を参観した教師による授業者へのコメントの時間がある。

校内の研究授業では、反省会は三十分程度で終わる。

三十分程度の反省会では、全員の感想が聞けないこともある。職員の数が多いと、時間内に全員が発言できないからだ。

私の場合、反省会が終わってから、後から個人的に感想を聞きに行くようにしている。

「私の授業を見ての感想を教えてください。できるだけ辛口でお願いします。」

参観者が、私より後輩だろうが、新卒教師だろうが、私は授業の感想を聞きに行く。

なぜ、参観者の感想を聞くようにしているのか。

それは、授業に関する「盲点」をつくらないためである。授業者である私が、気付かないような欠点に、参観者が気付いていることが、往々にしてあるからだ。

**様々な人の批評を仰ぐことで、独りよがりの実践になるのを防ぐ。**

感想を聞くときには、メモをとりながら聞く。メモをとっていることがわかると、感想を言ってくれる人も、気分がよいらしい。たくさんの感想を言ってくれる。

「できるだけ辛口で」とお願いしているので、授業の悪いところもたくさん見つかる。

参観者からの批評をノートにメモをした後、パソコンに打ち込むことが多い。その場合、プリントアウトして、ノートに貼っておく。

現在私の勤めている学校では、同僚の授業を参観したら、感想をパソコンで文書の形にして、授業者にわたす習慣ができている。A4で一枚の文書にする。多いときには、一人で三、四枚の感想をくれる。自分の授業を振り返る上で、こんなにありがたいことはない。

もちろん、批評をノートに貼っておき、振り返りができるようにしておく。

## 7　新しい授業を創るときには一冊のノートを使用して使い切る

### (1)　新しい授業の「新しさ」は二種類ある

新しい授業の開発を、定期的に行っている。
新しい授業を創るのは、教師の仕事の醍醐味である。ワクワクする。
「新しい」とは、何をもって新しいと言うのか？　大きく見て、二つのタイプがある。

> ①　教える内容が今までになく新しい。
> ②　教える内容は今までにあったが、教え方が今までになく新しい。

①は、新しい教材を開発し、授業化していくことを指す。

例えば、社会科で、「最新の情報伝達を利用した産業」について教材化を行う。情報機器はどんどん進化している。それに合わせて産業も進化している。今までになかった内容を授業化するわけである。

他にも、科学の新しい仮説を教えたり、国語で今まで教えていなかった古典の教材を取り入れたり、ということが挙げられる。教える内容自体が新しいので、先行実践は、当然少ない。自分で授業化を考える必要がある。

②は、教える内容は、今までにすでにあったものである。しかし、「教え方」が今までとは違うものである。教える内容があったのだから、先行実践も多い。先行実践を超える形で、より良いものに修正したり、教え方を変えたりしていく。

### (2) 新しい授業づくりのためのノート活用術

どちらの場合も、新しい授業を創るときには、必ず一冊のノートを用意する。

**一冊のノートを用意して、新しい授業づくりに活用していく。**

ノートには何を書くのか。

①　先行実践を読んで考えたことを書く。
②　集めた資料で使える情報をメモする。
③　先行実践の発問をメモする。
④　自分で考えた発問をメモする。
⑤　授業案を書く。
⑥　授業案を修正して何回も書く。
⑦　学習指導要領で関係のある部分を引用する。
⑧　単元の全授業記録をパソコンに打ち込んで、プリントアウトし、貼っていく。
⑨　実態調査プリントと、調査結果を貼る。
⑩　授業後の反省を書く。

ノートのページの多くが、私のメモと授業記録で占められている。
授業に関する資料は、たくさん集める。集めた資料は、多すぎて貼れないので、ノートにはさんでおくとよい。

### (3) 授業づくりにかける期間とノートのページ数

通常、新しい授業づくりには、二カ月程度の期間を使う。数年来寝かせているネタというのもあるが、授業づくり自体にかける期間は、二カ月程度である。二カ月で、一冊のノートを使い切るわけである。よって、ノートは一冊三〇～四〇ページ程度もあればよい。

ただし、例外もあって、長期的に研究する場合は、もっと分厚いノートを用意する。教育委員会に指名されて、一年間理科の研究員を務めたことがある。普通に学級の担任をしながら、一年間、理科の教育課程について研究をするわけである。このときは、一〇〇ページのノートを一冊用意した。長期間にわたり、継続的に研究することになったら、分厚いノートがオススメだ。一年間で一〇〇ページは簡単に埋まる。

## 8　特別支援教育に対応した授業を創る

発達障害をもつ子の中には、授業に集中しにくい子がいる。中には、授業をボイコットする子だっている。特に、二次障害を引き起こしている子の中には、頑に授業の参加を拒む子がいる。

だからと言って、発達障害をもつ子どもが授業に参加しないのが普通なのかと言えば、それは違う。

授業が楽しければ、どんな子どもだってちゃんと勉強するようになる。いや、ときには授業に熱中する。もしも子どもが授業に参加できないのであれば、それは、教師の授業が下手だからである。

**授業が楽しければ、どんな子どもでも授業に参加しようとする。**

楽しいと言っても、別に教師が冗談を言ったり、奇をてらったりする必要はない。

知的であり、どの子どもも参加できるような配慮があればよいのだ。

子どもが「楽しい」と感じる授業にするには、やはりそれなりの授業の進め方がある。

特に、発達障害をもった子どもには、授業の進め方に配慮が必要である。

発達障害をもつ子どもへの指導の最大の原則は、次である。


**その子どもに合った指導方法を考える。**


私は、発達障害をもつ子どもが、どの時点で授業に熱中したのかを、必ずメモするようにしている。

例えば、学級開き早々のある日の国語の授業。授業の開始から、ＡＤＨＤをもつ子が、ぐったりとしていた。国語は苦手な教科なのだ。

最初は、ダラダラと授業を受けていた。やる気が感じられなかった。ところが、である。途中から急に授業に熱中し始めた。

一体、何が原因で、授業に熱中したのか？　授業後に、すぐに振り返りを行った。

そのときは、漢字の読み方の学習をしていた。次々と出てくる漢字の読み方の学習に、その子は辟易していた。

「次の漢字は同じ読み方をします。何と読みますか。」

「晴」・「清」・「静」・「精」

答えは、「セイ」である。

「青は、セイと読みます。このように、漢字の一部が音《おん》を表すことがあります。」

この時点では、ぐったりとしていた。ノートだけは一応書いているという状態だった。

ところが、次の発問に急にのってきたのである。

「青は音を表すだけでなく、意味も表しているのではないか、という説があります。この四つの漢字に共通する青（セイ）の意味は、何ですか。予想してノートに書きなさい。」

最初の子どもが答えた。

「青いということ？」

「なるほど。確かに青という意味もありますが、この場合は違います。」

次の子どもが答えた。

「ひょっとして、月っていう漢字があるから、お月様を意味している？」

「良い考えですね。青の一部に含まれる漢字に注目している。良いアイデアだけど、違います。」

こんな具合で、子どもたちが次々と答えては、間違うというのを繰り返しているときに、私が言ったのは次の一言だった。

「良いアイデアが出てますね。でも正解は出ていません。もう降参しますか？　先生が意味を教えてあげましょうか。」

この一言で、パッと顔をあげ、必死に考え始めた。発問の意味がわかり、軽い挑発の言葉をかけられた時点で、その子は授業に熱中し始めたのだ。周りの人との相談も始めた。

「澄み切っている」が正解である。たくさん意見を発表してなかなか答えが出なかったからこそ、その子も頭を使って考えたのだ。一度授業に熱中すると、最後まで授業に集中していた。

授業をする前、どういう発問で、どういう教師の言葉かけで、その子どもが授業に熱中するかはわからない。だからこそ、授業後の記録は大切だ。

**発達障害をもつ子どもが授業に熱中した理由を探して、記録し、次の授業に生かす。**

教師の授業にその子を合わせるのではなく、その子の特性に授業を合わせていくことが大切だ。

## 9　授業のアイデアは即ノートにメモしよう

自分の中で、授業化したいと思い、温めているテーマがいくつかある。

例えば、体育のサッカーの授業。次のようなサッカーの授業はできないかと、年々考えていた。

> ①　どの子どもも満足する。
> ②　どの子どももサッカーの技術が向上する。

「授業のテーマ」が決まったら、後は手立てを考える。

手立てを考えるとき、毎日のように、いつもいつも手立てを考えているわけでない。

頭の片隅で、「もっと良い方法はないのか」、「こんなやり方はどうか」などとほんの少

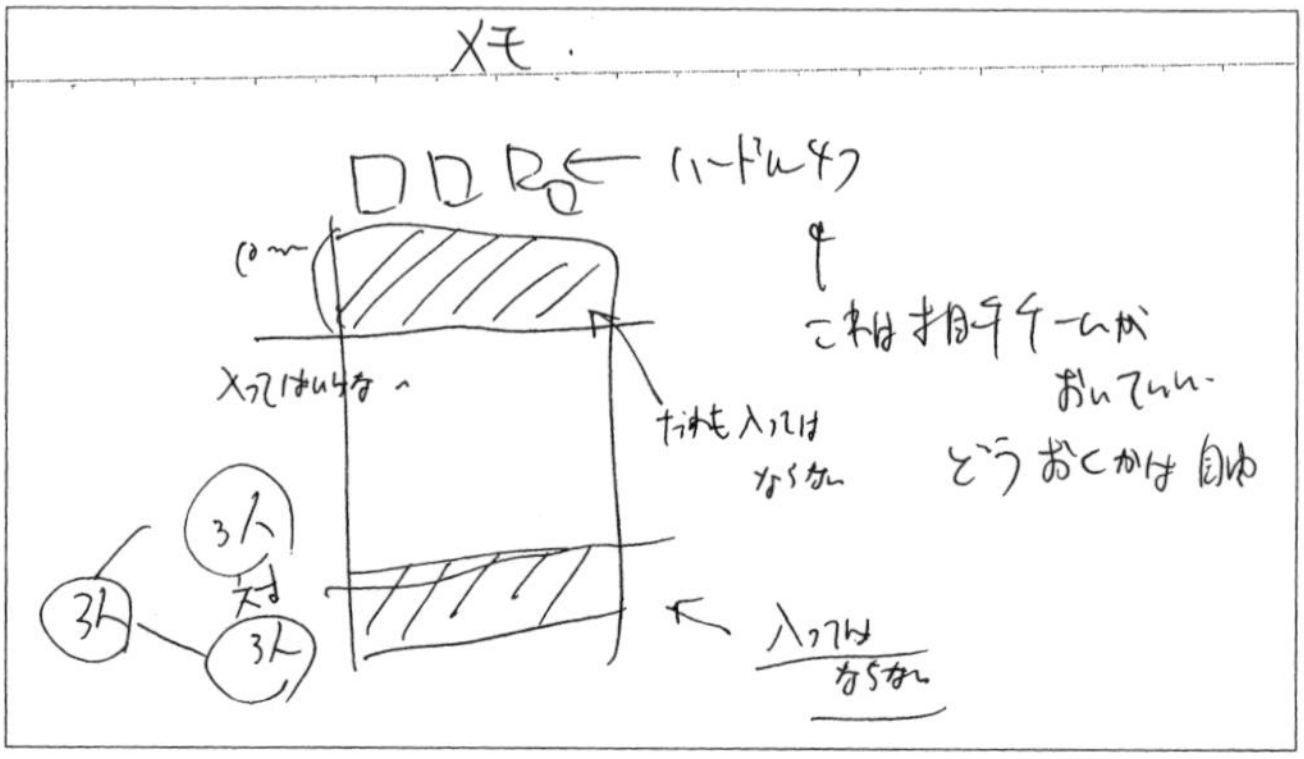


し意識しているという程度である。

そして、しばらく授業のテーマを温めていると、何かの拍子に突然、授業化のアイデアが浮かぶことが多い。

サッカーの授業化でも、ある日、ふとアイデアが浮かんだ。教室での休憩時間のことである。すぐに教卓に置いてあるノートにメモしていった。

アイデアはすぐに消えてしまうので、ノートに殴り書きのようにメモをとることが多い。私が考えたのは、「三人対三人で行うサッカーゲーム」であった。

三人対三人の少人数でサッカーのゲームをする方法自体は、よく取り入れられている方法である。だが、私には、今まで発表されている授業には不満があった。

サッカーの上手い子どもが活躍して、サッカーの苦手な子どもはやっぱり苦手なまま、満足しないまま授業が終わっていたからだ。何とかしたいと考えていた。

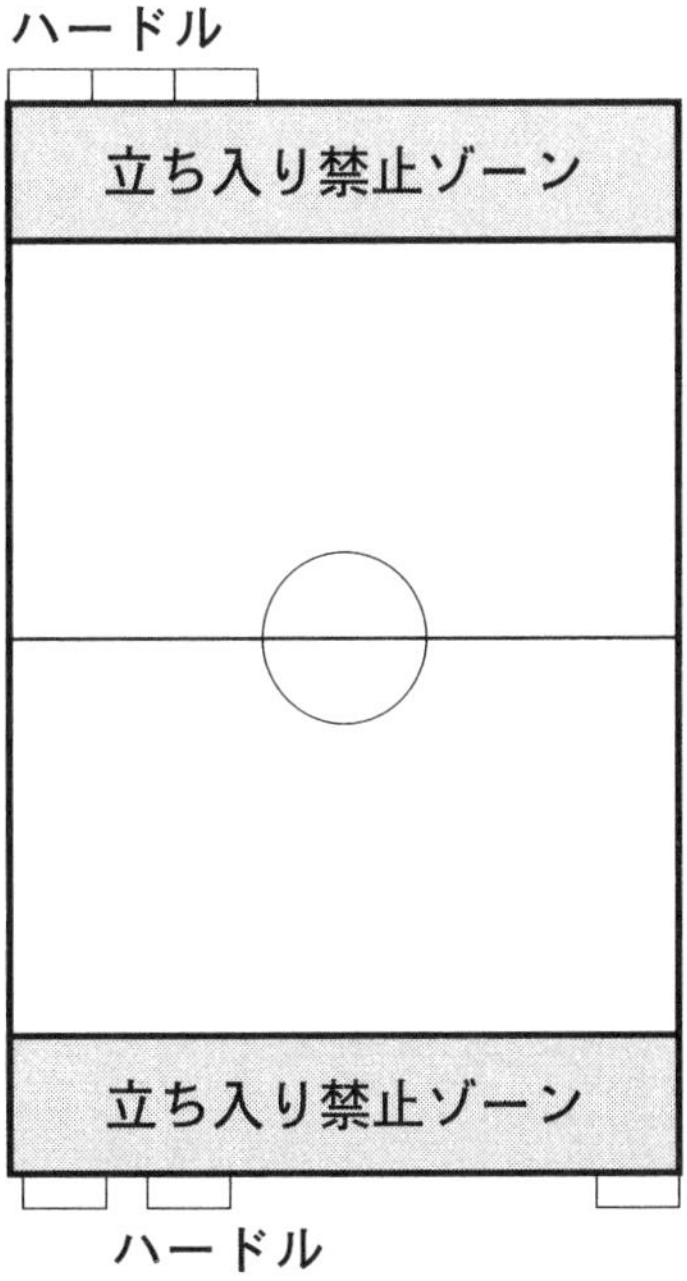


こうして、行ったゲームが次である。

ハードル三つをゴールにして、サッカーコートをつくる。

コートは五面用意する。広さは、40m×25mとする。

三人ずつのチームをつくる。

一度に試合ができるのは、（三＋三）人×五面の三〇人。

ルールは次の通り。

1　ゴールを決めた人は、連続で得点を決めることはできない。

2　自分が攻め込むハードルの位置は、自由に動かしてよい。ハードルが三つ並んだ方がゴールしやすいと思えば、三つ並べる。三つバラバラの方が、ゴールが入りやすいと思えば、バラバラに置く。

3　ハードルゴールの前5ｍまでは敵も味方も入れない。つまり、ゴールキーパーのようなことはできない。

4　スローインはなし。ラインを越えたら足でパスをする。または、自分でドリブルをしてもよい。
5　ボールが膝よりも浮き上がったら反則。相手ボールになる。
6　審判は自分たちで行う。
7　試合時間は三〜五分とする。
8　勝ったら上のコートに移動する。負けたら下のコートに移動する。
結論から言うと、このミニサッカーゲームに、子どもたちは「大変に」熱中した。何度もやりたいと、日記に書いてきた子どもが多かった。

# Ⅲ章

# 学級経営を成功させるノート術

## 1　学級開きノートを用意しよう

学級開きの一週間は、大変重要な期間である。学級開きの指導の成否が、そのまま一年間の学級経営の成否に関わってくる。

学級開きの指導を成功させるためには、そのための「計画」が必要だ。それも、かなり綿密な計画が必要となる。

私は、学級開き用に、ノートを一冊用意する。A4で一〇〇ページのノートである。

この一冊を見れば、学級開きに関する内容は、全て把握できるようにしておく。

ノートの半分以上は、学級開きの一週間の指導のためだけに書く。
残りは、一年間の学級経営や授業の計画を書いたり、資料を貼ったりするために使う。
学級開きノートの内容を示す。

1　学級経営の構想メモ
①　今年自分がやりたいと思っている学級経営の方針
②　今年度目指すべき学級の目標像
③　授業の方針と計画
④　子どもの前年度の実態調査をして考えたこと
⑤　目指す学級にするための「手立て」
⑥　特別支援を要する子への指導計画
2　学級開きのための資料貼り付け
①　始業式までにやっておくべき仕事のチェック表
②　振り仮名つき名簿

③　子どもの顔写真
④　四月最初の職員会議で配られたプリントで大切なもの
⑤　年間指導計画
⑥　四月の予定
⑦　一学期の予定
⑧　年間行事予定

3　学級開きのための指導細案
①　初日の全予定
②　二日目の全予定
③　三日目の全予定
④　一週間分の予定
⑤　係・当番活動の構想
⑥　学級におけるルールとマナー
⑦　学校におけるルールの貼付

⑧　クラス目標の構想と決定

4　授業関係の計画

①　初日に出す子どもへの宿題の決定

②　二日目の授業

③　三日目の授業

④　一週間分の全授業

⑤　四月の授業構想

⑥　学力調査の構想と結果

⑦　授業に使えそうな資料の貼付

私の場合、自分がやりたいことを、子どもに出会う前に、「先に」決めている。前年度の学級を超えるための構想を、余裕のある春休みに行うためである。

毎年、前年度の反省を春休みに行う。前の年の学級経営と授業で、改善できるところを探す。反省したら、文書に残す。

反省をもとに、「今年こんな授業がしたい」、「こんな学級経営がしたい」という構想を、子どもに出会う前に目標として書いておく。もちろん、子どもと出会った後で、目標が変わることはある。
例えば、ある年の「学級経営方針」は、次のように構想していた。

【こんな学級を創りたい】
**「一人一人にスポットライトが当たり、一人一人の良さが引き出されている教室を創る。」**

方針が決まれば、具体的な手立てを構想することができる。学級開きまでに、できる限り詳しく、学級経営や授業の計画を立てておくことだ。

## 2　学級開きにおける細案の書き方

大統領の就任演説では、何度もスピーチの原稿が修正され、何度もスピーチの練習が行

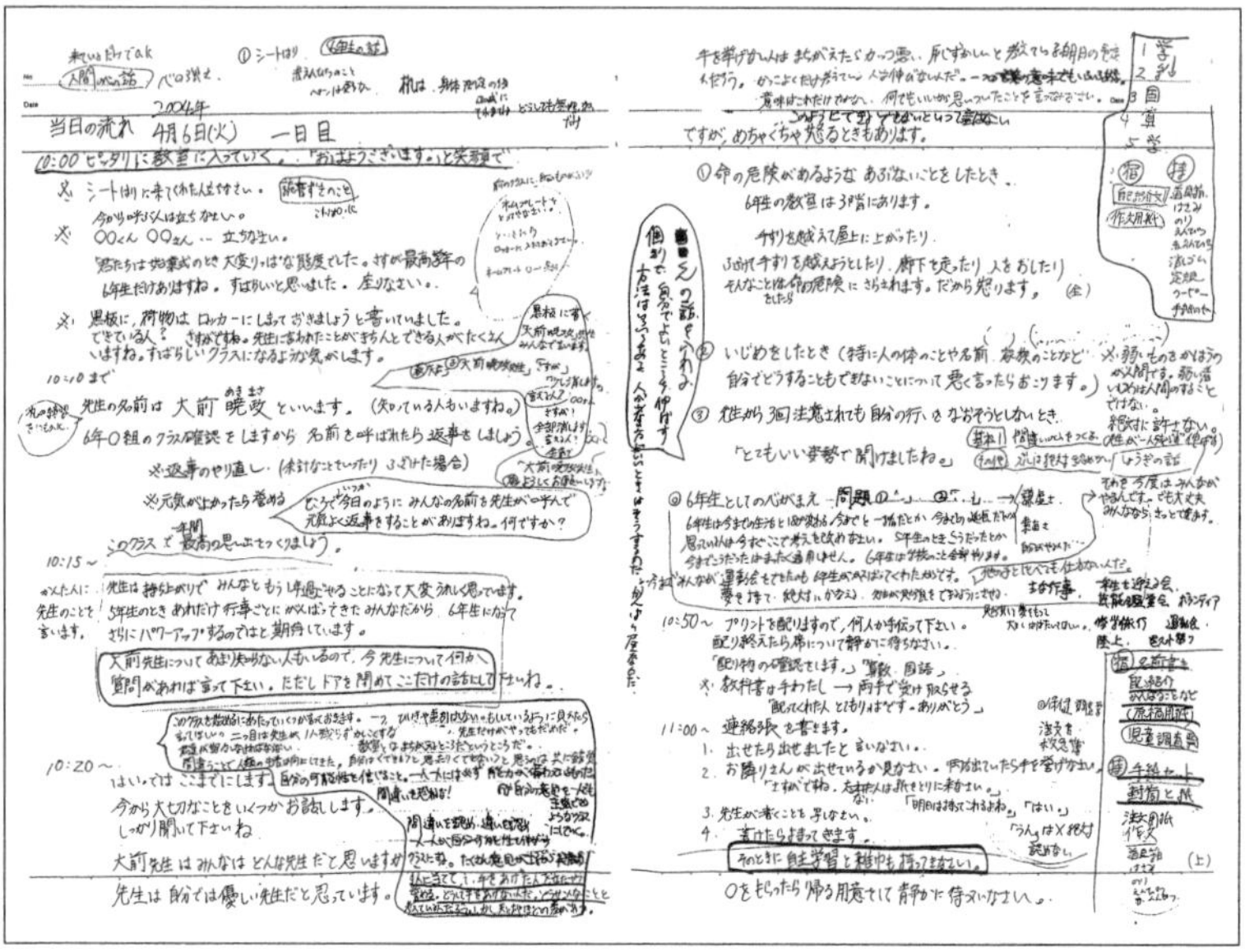


われるという。最初の演説は極めて重要視されているのだ。

学級担任も、学級開きにおいて、自らの方針を熱く語るべきである。

「自分が一番伝えたい教育方針は何か」、「どんなクラスをつくっていくつもりなのか」こういった内容を語るべきだ。

子どもに伝わるスピーチにするには、スピーチの原稿が絶対に必要である。

原稿は、ノートに書く。スピーチの原稿が書けたら読んでいく。読んでいって、ダメなところは修正する。ノートに修正した文を書く。

こうして、学級開きから三日目ぐらいまでは、自分の言うべき言葉を全て文字にして、ノートに書いていく。

ノートに書くと、学級開きのイメージがはっきりする。スピーチも覚えやすくなる。

ただし、実際にスピーチするときには、原稿は見ない。

役者で台本を見ながらセリフを言う人はいない。

紙を見ながら話すよりも、子どもの顔を見ながら話した方が、相手に伝わるスピーチになる。八割方覚えたと思ったら、後は原稿のことを忘れて、そのときの気持ちでスピーチをすればよい。（引用・参考文献：大前暁政著『必ず成功する！　学校づくりスタートダッシュ』学陽書房、二〇一〇年）

## 3　発達障害をもつ子どもが輝くためのノート術

### (1)　実態調査でノートを活用する

発達障害をもつ子どもには、我流の指導は通用しない。必ず、発達障害の特性に合った指導を行わなくてはならない。

私の場合、発達障害をもつ子どもを担任することが決まったら、始業式までに、指導の戦略を練っておくようにしている。
まずは「実態調査」である。
引き継ぎでは、例えば、次の項目を尋ねる。

① コミュニケーションの程度。
② 多動や衝動性の有無。
③ 不注意な様子があったかどうか。
④ 学習で何か極端にできないということがあるか。
⑤ パニックの有無。

実態調査は、詳しくすればするほどよい。
他の質問や、なぜその質問をするのかは、拙著『必ず成功する！ 学級づくりスタートダッシュ』（学陽書房）に示してある。参照してほしい。

**引き継ぎで聞いた内容は、必ずメモをとって、記録に残す。**

メモをとっておくと、何かと重宝する。例えば、メモと、実際の子どもの様子を比べることだってできる。前年度の担任の判断と、自分の判断とが、違う場合だってある。

## (2)　望ましくない実態を望ましい姿に変えていく「手立て」を書く

実態調査をして、その子どもの様子がわかったところで、目標を定める。一年後にどんな姿になっていればよいのかを書くわけである。

例えば、次のようになる。

【勉強面】→卒業までに、四年生までの漢字や計算などの知識を習得している。
【生活面】→自分の目標をもち、努力を続けるという姿勢が身に付いている。
【集団面】→人に迷惑をかけず、周りの人と一緒に生活できる。

目標が定まったら、手立てを考える。

実態が明らかになっているからこそ、手立ても具体的に立てることができる。

例えば、次のような「望ましくない実態」に対して、どう対応するかを考えていくのである。

【勉強面】→「授業中、おしゃべりが止まらず、常に動きまわっている。」
【生活面】→「どうせできないと、最初から学習や行事に取り組もうとしない。」
【集団面】→「人に迷惑をかけて自分が悪くても謝らない。叱ると逃げて隠れる。」

さて、どのような手立てを考えられるだろうか？
私は、次の手立てを考え、実行に移した。

【勉強面】→「動きのある作業指示を与える。立って音読。ノート作業。お隣さんと相談など。作業をしているときには、授業に関係のないおしゃべりや立ち歩きが止まる。」
【生活面】→「授業で成功体験を保障する。できないことができるようになった事実をつくりだす。ほんの少しの前進を取り上げ、ほめる。失敗しても、努力を続けていたらできるようになることを事実で示す。」

【集団面】→「謝ることに価値付けをしていく。謝ったことをほめる。自分の悪いところがわかっている人は、次は自分で解決できると励ます。失敗が成長の糧になるのは、素直に謝ったときだけという話をする。本当は思いやりのある人なのだよ、と高い自己像をもたせる。」

手立てには、対処療法的に行えばよいものと、原因までさかのぼって手立てに含める場合とがある。

先の例で言えば、勉強面は、対処療法的に行った手立てである。本人に「動きたい、しゃべりたい」という特性があるのだから、それに合った授業方法に変えていけばよいだけの話である。比較的簡単に手立てを実行できる。

しかし、「最初から諦める」とか、「叱ると逃げて隠れる」などは、「なぜそんなことをするのか」という原因にまでさかのぼって、手立てを決定する必要がある。

例えば、「最初から諦める」ということは、今まで成功体験がほとんどなかったことを意味する。よって、成功体験を保障する授業を、手立てに含めなくてはならない。

## (3) ノートの記録を反省に生かす

発達障害をもつ子どもや配慮を要する子どもには、個別シートを作成している。個別シートには、「目標（長期・短期）」、「手立て」、「反省」が書かれてある。目標と手立てが決まったら、最後に「反省」をしなくてはならない。反省があってこそ、目標や手立ての見直しを行うことができる。反省が重要なのである。この反省を「日常的に」行っているかが問題だ。

例えば、問題ばかり起こす子どもがいるとする。何も成長していないように見える。だが、その子どもの行動を日々記録していると、実は、ほんのわずかだが成長していることに気付く。失敗と前進とを繰り返しながら、少しずつ成長しているのである。

この微々たる成長を見つけ出すことができるのは、学校では担任だけである。その微々たる成長をほめて、励ますことができるのも、周りの子どもに発達障害をもつ子の良さを紹介できるのも、担任だけなのである。

ほんのわずかな成長を見逃さないようにするには、子どもの成長に気付く目を養う必要がある。成長に気付く目を養うために、日々、子どもの様子を記録する。このような指導をすると、このような状態になったという事実をノートに書いていく。パソコンに記録することもある。

ノートやパソコンの文書を見れば、日々の自分の指導を振り返ることができる。

毎学期、新しい個別シートを書く。そして、前学期の反省も書く。新しい目標と手立てで指導を繰り返していく。

## 4　子どもの良いところをメモする

### (1)　子どもの微々たる成長に気付く目を養うために

子どもは、日々、成長していく。

努力が実り、ある日突然、急激に成長することがある。「Aさんは、努力を続け、最高記録を出しました。」などと通信で紹介することもあるだろう。

大きな成長は見えやすい。

しかし、子どもたちの成長は大きな成長ばかりではない。日々、小さな成長を見せているのである。

それは、見えないほどゆっくりの速度での成長、ということもある。

ときに、後退しながらの成長だってある。

## 気付かれにくい小さな成長こそ教師が気付くようにする。

微々たる成長は、子どもを毎日よく見ておかないと、見逃してしまう。

ほんの少しの成長に気付いたときには、必ずメモをしておこう。

「体育の授業の後で、片づけを最後まで残ってやっていた。」

「発言しない子が、今日は、手を挙げそうになった。手がぴくりと動いていた。」

「自分の希望する役になれなかったが、以前ほど文句を言わなかった。我慢していた。」

こういったメモを、残しておくべきだ。

私の場合、記録は次のものにしている。

### ① 教務必携の名簿

②　ノート
③　パソコンの学級日誌
④　学級通信

記録をとっていると、特定の子どもにメモが偏ることがある。全員を見ているつもりでも、実は特定の子どもをよく見ていたということが往々にしてある。名簿でチェックを行うとよい。

**特定の子どものメモが多くなっていないか？**

どの子どもも、良さがあり、成長がある。全員に目を配りたい。

## (2)　見えているのは同じ現象でも心の中の動きが違うことがある

発達障害をもつ子どもの成長は、一筋縄ではいかないことが多い。前進した次の日に後退することだってある。

反対に、ほんのわずかな成長が、その子どもにとっては、大きな前進にもなり得る。わずかな成長を見逃さないようにしたい。

ある年に担任したA男は、学校一のトラブルメーカーだった。

一学期の最初の頃は、毎日のように友達とけんかをしていた。

理由を聞いても、「ついカッとなって、相手を殴った」というような答えが返ってくるばかりだった。

二学期になっても、けんかは相変わらず多かった。

一学期と違っていたのは、「最初は我慢した」という話が聞けたことだった。言い返すと、けんかになるから我慢したのだそうだ。しかも、相手が自分の悪口を言っているのを、じっと聴いていたのだという。

最終的には暴力を振るったのだが、心の中ではずいぶんと成長している。「自律」へと向かっている。

三学期になると、さらに変化を見せた。

友達と休み時間に遊んでいて、けんかになった。相手は、自分の言葉に怒っている。自分では悪口を言ったつもりはないけど、なぜか相手は怒っている。相手が、暴力を振るってきた。「自分で解決する」ということを思い出し、謝ろうとした。が、相手がさらに暴力を振るってきた。自分は反撃しようと思えばできた。相手の方が弱いからだ。が、暴力を振るわずに耐えた。どのタイミングで謝ろうかと自分で考えていたのだという。でも、謝るタイミングを失って、結局、そのまま休み時間は終わった。

そして、私のところへ来たわけだ。

三学期になると、自分で何とかしようとする「自立」の方向へと向かっている。

A男は、いろいろな教師が「どうしようもない」とさじを投げた子どもである。確かにトラブルの数は、群を抜いて多かった。だが、同じトラブルのように見えて、実は、日々成長していっているのだ。

子どもの日々の成長の事実を記録していると、ほんのわずかな成長を見る目が養われる。現象としては同じような行動でも、長い目で考えるとほんの少しだけ成長していることを理解できるのだ。わずかな成長を認め、励ましてやることが大切だ。

## 5 子どもの良さを引き出す活躍の場を想定する

私は、学級経営で次のことを大切にしている。

**一人一人に居場所があり、自分の良さが生かせる場がある。**

どの子どもも良さを持っている。長所を生かす場を用意することは、極めて重要である。

学期末になると、次の記録をとるようにしている。

**① 学期に発見した「子どもの良さ」**
**② その良さを生かすための「場の設定計画」**

運動が得意な子どもには、運動場面でスポットライトが当たる場を用意してやる。例えば、陸上記録会への参加を促すということもあるだろう。

世話好きの子どもには、保健係になってもらい、気分が悪くなった人を介抱してもらうなどといったことがあるだろう。

一人一人の長所が生かせる場を教室に用意する。そこで、その子どもの良さにスポットライトが当たるようにしていく。

「短所」と思えるようなことも考えようによっては、「長所」に変わる。

おとなしい子どもは、おとなしいことが「とりえ」なのだ。

おとなしいからこそ、活躍できる場を与える。

T男は、クラスで一番おとなしい子どもだった。休み時間は、一人静かに、本を読んでいた。運動が苦手で、外で遊ぶことはなかった。将棋と算数が得意であった。友達はあまりいなかった。

「おとなしい」ということは、言ってみれば「思慮深い」ということだ。このように、勝手に教師が、良さに代えてしまう。

「思慮深いT男は、軍師だ。将棋をしている人は、T男をアドバイザーに頼んだらよい」などと勧めた。すると学級の友達がT男を将棋に誘うようになった。T男は喜んで、アドバイザーの役を引き受けていた。おとなしいT男は、積極的にアドバイスをするのではなく、軽くアドバイスをするのである。それが、アドバイザーとして絶妙の良さであり、友達に喜ばれることになった。

また、あるとき、算数好きの子どもが、私に難問を解いてほしいと持ってきた。私は、「難しくてわからないなぁ」と答えた。そして、「思慮深いT男に頼んだらよい」と言って、T男を含め三人ほど呼んだ。「難しい問題に挑戦してくれないか」と問題をわたした。T男は満面の笑みを浮かべて、友達と問題を解き始めた。

このときから、休み時間に算数の得意な子どもが集まって、難問を解き合うというゲームが始まった。T男は算数が得意である。しかも、途中で問題を解くことをあきらめないという良さがある。T男の活躍の場が教室にできたのだった。

S男は、おしゃべりの止まらない子どもだった。常に動き回り、常に口を開いて何かをしゃべっていた。周りからは、「S男はうるさい奴だ」というレッテルを貼られていた。私は、「いつもおしゃべりしている」という短所を、「お話上手」だという長所と見ることにした。S男を学級会の司会に任命した。S男は、話を進めていくのが得意である。それに司会ということで、堂々としゃべっていいわけである。喜んで役を引き受け、しかも、それを上手にこなしていた。「S男は司会をやらせるとすごい。」周りのイメージも変わってきた。

他にも、けんかっぱやい子どもは、「武闘派」ということで、応援団の隊長に任命したこともある。強そうな応援団長ということで他の子どもたちに信頼され、優れた統率性を発揮し、一〇〇人ぐらいの応援団を見事に引っ張っていた。

短所や欠点を、ダメなところと思うのではなく、それを生かせる場を与えることで、別の良さに代えてしまうことができる。

だからこそ、学期末に、その子どもがもっている「良さ」を書く。短所や欠点も、「良さ」に代えて書く。

良さを書いたら、次に、どの場でスポットライトが当たるようにするかを考えていく。

これは、クラス全員について、書いていることである。

次の学期に、場を用意し、子どもたち一人一人を活躍させていくようにする。

## 6　イベントの計画を練る

子どもたちの手によるイベントを行うことがある。

よくやるのは、「お楽しみ会」だ。学期末に行う。企画と運営は全て子どもたちがする。子どもたちが教室で行うイベントの計画も、ノートに書きながら構想を練っていく。大切なのは、あらかじめ「このイベントでどういう集団を育てたいのか」をメモしておく点である。

**イベントを終えたとき、子どもたちがどのような状態になっていてほしいかを書く。**

指導後の、「子ども集団としての目標像」を書いていく。

例えば、「子どもたちだけでイベントを創っていける」という目標像を設定したとする。

指導後の目標像が決まったら、次に「手立て」をメモしていく。

一学期…教師がイベントのやり方を教える。↓子どもはやり方を理解する。
二学期…子どもに半分任せる。↓子どもはやり方を覚えていく。
三学期…全てを子どもに任せる。↓子どもたちだけで企画と運営を行う。

こういった指導の「手立て」をあらかじめメモしておくと、指導に失敗しない。
他にも、ノートには、「話し合いは何回必要なのか」、「いつやるのか」、「何を教えていくか」などの細かな計画をメモしておくとよい。教師自身がイベントの見通しをもっておかないと、子どもに見通しをもたせることはできない。

## 7　行事指導の計画の立て方

学校行事の責任者を任されたときの、仕事のやり方を紹介する。
責任者として最も大切なのは、次だ。

**校内の誰よりも仕事の内容を理解できている。**

その状態をつくるために、ノートの活用がポイントとなる。
まず、引き継ぎ文書を探す。引き継ぎ文書を見ながら、やることは次である。

**やるべき仕事の全てをノートに箇条書きにしていく。**

どんな仕事が、いくつあるのかを、はっきりさせる。
次に、前の担当者に、仕事の内容を聞きとる。わからないところは、質問する。聞いたことは、その場でノートにメモをとっていく。
全ての仕事がノートに書けたら、次にスケジュールを立てる。

**仕事の期限を決める。**

行事の一週間前に、仕事を一通り終わらせるように計画したら、まず大丈夫である。
最後に、仕事をそれぞれ割り振っていくようにする。

**仕事の担当者をメモしておく。**

後はスケジュールにしたがって仕事を進めればよい。

仕事の担当者が、仕事を締め切りまでに終えているかどうかを、時々チェックする。

仕事のやり方がわからなくて困っている人がいたら、仕事の進め方を教えにいくことも大切だ。

## 8　学期ごとに一冊のノートを活用する

「学級開きノート」の書き方は既に述べた。

二学期と三学期の、「学級経営ノート」をどうつくるかを述べる。

ノートはA４で五〇ページのものを使用している。

学期が始まる前に、その学期の学級経営と授業の計画をノートにメモをしていく。

特に、九月初めの一週間と、一月初めの一週間は、綿密に計画を立てるようにしている。

学期始めの一週間は、重要な期間である。休み明けの指導が成功すれば、子どもは授業に集中するようになる。学級経営も軌道に乗る。

ノートの内容を示す。

① その学期の学級経営のテーマ。
② テーマに沿った具体的な学級像。目指すべき子どもの姿。
③ 学級経営の目標を達成するための手立て。
④ その学期に行いたい授業の目標。
⑤ 単元計画。

3学期のスタート．
卒業までの日々．
一日一日を大切に
一日一日を真剣に、実りあるものに
していきましょう。
3学期は恩返しの期間
朝ぱら、そうじ、いろいろなひきつぎ、1年生（下級生）への
お世話などよりいっそうみがきをかけよう。
そして自分の足りないところを見つけ
つぶす期間。復習に遊び、力をたくわえ
夢をえがこう。

⑥ 授業の目標を達成するための手立て。
⑦ 特別支援を要する子の目標像と手立て（特別支援ノートにも貼る）。
⑧ 初日までにやっておく仕事のリストアップ。
⑨ 最初の一週間の予定。
⑩ 長期休業の宿題チェックの欄。
⑪ 初日の予定細案。
⑫ 二日目の予定細案。
⑬ 三日目の予定細案。

⑭　最初の一週間の授業の細案。
⑮　学級経営に関する資料を貼る。
⑯　授業に使える資料を貼る。

学期の計画や、学期始めの予定で、だいたい三〇ページぐらいは埋まる。残りの二〇ページは、予備としてとっておく。必要な資料を貼ったり、行事予定をメモしたりといったスペースに使う。

## 9　自分の思いをノートに残す

ノートには、学級経営をしていて「自分が感じたこと」も書いていく。簡単なのは、次である。

**指導がうまくいったときの手応えを書く。**

心から手応えがあったと思える指導は、きちんと記録に残しておく。それが後になって役に立つ。うまくいったのだから、筆はスラスラと進む。

難しいのは、次だ。

**指導がうまくいかなかったときの事実を書く。**

いわゆる反省をするのである。反省は難しい。

特に、学級経営に成功しているときには、自分の欠点は見えにくくなっている。人間、うまくいっているときほど反省しない。中には傲慢になる人だっている。

しかし私は、「反省とは、頂上にいるときに行うものだ」と思っている。

**学級経営がうまくいっているときほど反省せよ。**

「いじめられている子を見逃していないか?」

「元気な子の影に隠れて、おとなしい子にスポットライトが当たっていないことはないか？」

「家庭の事情で、暗い表情で来ている子を見逃していないか？」

「うまく学級が機能しているからといって、ほめ言葉が少なくなっていないか？」

うまくいっているときほど、謙虚でありたいと思っている。

実は、うまくいっているときに、謙虚に自己反省をしていると、うまくいっている状態が続くのである。反対に、傲慢になると、とたんに問題が発生することが多い。

では、学級経営がうまくいかないときは、どうすればよいのか。

**学級経営がうまくいっていないときは、反省をしない。**

学級経営がうまくいかないときに、反省の言葉を残すのはつらい。意気消沈してしまっては、学級経営もうまくいかない。

学級経営がうまくいっていないと感じるときにやることは次なのである。

**現状を分析し、新たに行うべき「手立て」を書き、実行に移していく。**

反省の言をノートに書くのではない。「現状分析」と、次に行う「新しい手立て」こそ書いていくべきなのである。

「分析」は、自分の指導を振り返ることから始まる。自分の指導のどこかに「悪さ」があるのだ。何が良くて何が悪いのかを、一つ一つえぐりだすのはつらい作業だ。誰だって、そんな作業はやりたくない。

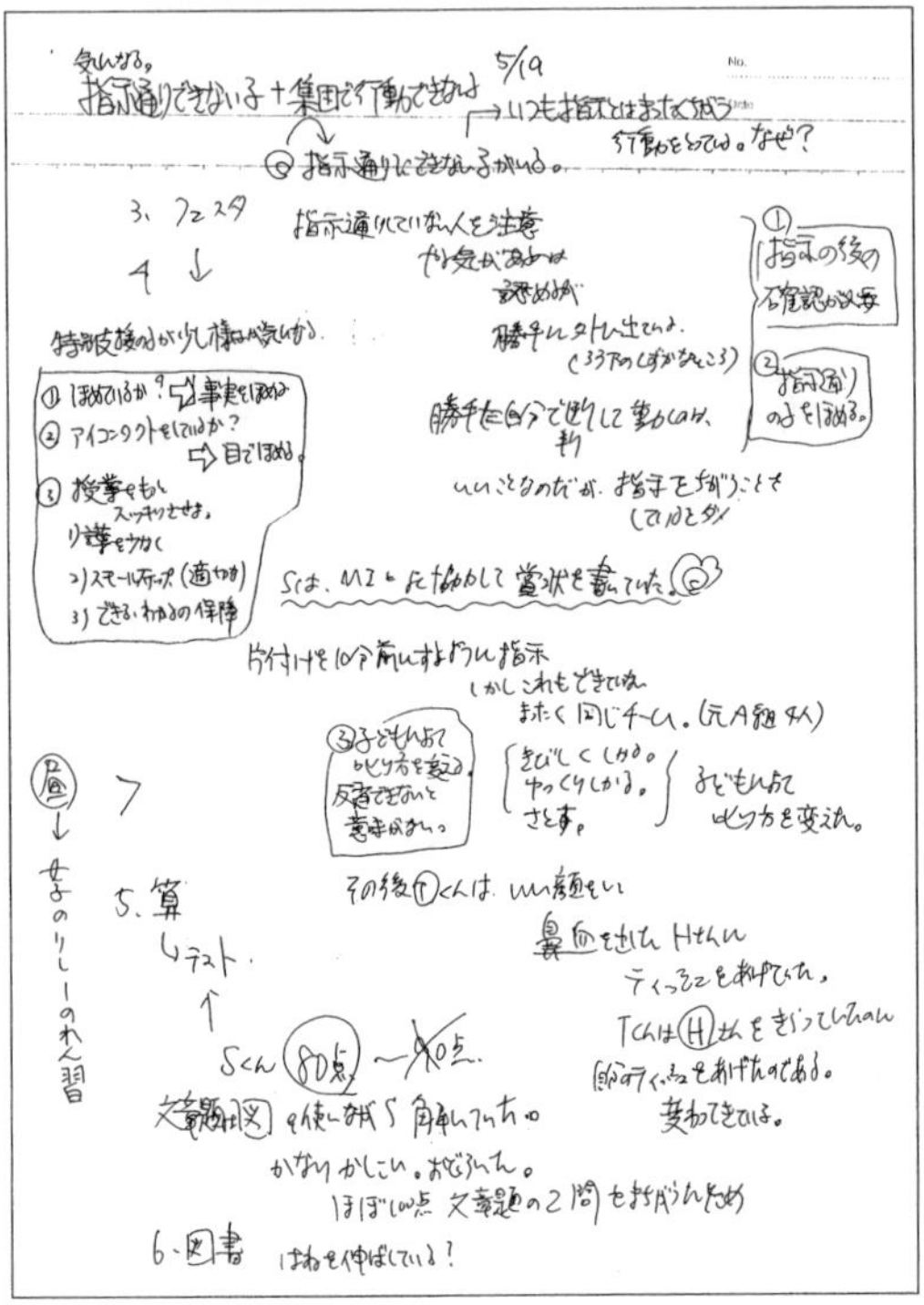

だが、自分の指導のどこかがまずい場合、その場では何とか取り繕っても、いつか形を変えて、同じような学級の荒れが起きてしまう。

失敗は二度繰り返してはじめて失敗と呼ばれるものになる。

一回目は、勉強なのだ。一回目の失敗を記録し、次に失敗をしないようにしよう。

教師は自己否定ができる人の方が、すばやく改善がなされる。

ちなみに、うまくいかないときには、私は自分に原因を求めても、客観的に考えるようにしている。

「ああ、自分のこれがダメなんだ。じゃあ直そう」などと冷静に考える。

あまり深く考えると、つらい。そういう意味で、深く反省するなどということはしない。

「手立て」は、数が多ければ多いほどよい。今までとは違う、別の手立てを考えて、次々と実行していくのだ。本で学んだり、研究会に出たりという行動を起こすのだ。そこで学んだことを次々と実践してみればよいのだ。

自分の思いをノートに記録しよう。それが、次の年、そのまた次の年の、糧になる。

教師は一年続ければ、次の年にリセットされる。その年の失敗はその年限りにしよう。

次の年から、失敗がなくなり、学級経営に成功するために。

# Ⅳ章

# 仕事の成果を高めるノート術

## 1　目標を書き出すことから実践は始まる

四月初めや、年の初めなど、区切り区切りに、必ずしていることがある。

**一年後の目標を書き出す。**

自分がやりたいと思う仕事の目標を書き出す。例えば、次のような目標をノートに書く。

「子どもが一度に作文を一〇〇枚書くことのできる力をつけたい。」

「国語で、読解を子どもが自分から行うような授業を創りたい。」

「自由であり、かつ、自立した教室をつくりたい。」

あくまでも、自分が「やりたい」仕事の目標を書く。

目標は、多ければ多いほどよい。十～二十個は書く。

その中で、絶対にはずせない、これだけは達成するという目標を選ぶ。

これを大目標とする。

大目標を立てる際、必ず守ることがある。


**目標は、できるだけ大きなものにする。**


私の場合、新卒から数年間、理科と算数の研究を中心に進めていた。

しかし、他の教科も深めていく必要があると感じ、新卒から数年経って次の目標を設定した。


「国語で、子どもだけで、『討論』を進めることができるようにする。」

「国語で、子どもだけで、『読解』を進めることができるようにする。」

これは、若い教師にとっては、かなり高度な目標である。だが、あえて、そのような大きな目標に設定する。

大切なのは、今の自分に似合わない、途方もなく大きな目標にすることだ。

なぜ、大きな目標にするのか？

それは、大きな目標を達成しようとすれば、必ず行動を必要とするからである。今のままの自分では、目標を達成できないのだから、何らかの行動をするようになる。

新しく教育雑誌を定期購読するようになるかもしれない。

研究会に参加するようになるかもしれない。

国語関係の本を読んで、実践を行うようになるかもしれない。

大きな目標であればあるほど、何らかの「行動」が必要となる。

そこに、自分の成長があり、仕事の成果を高めるカラクリがある。

**目標が行動を決める。**

大きな目標が決まったら、それを達成するための「小さな目標」を決めていく。

例えば、「子どもだけで読解を進める授業」を目指しているなら、次のような小目標が決まってくる。

① 読解のための方法を、子どもに教え、習得させる。

② 短い詩において、自分で問題をつくって読解していくという経験を積ませる。

③ 物語文において、読解問題を自分でつくって解いていくことができるようにする。

小さな目標は、すなわち大目標を達成するための「手立て」となる。

小目標も、二十個程度書く。

その二十個の小目標を、いつまでに達成するかを書く。

つまり、一年後の大目標を達成するために、月ごとに達成すべき小目標をノートに書いていくのである。

すると、今月のやりたい仕事の内容も決まってくる。今月の仕事が決まると、今週にやりたい仕事も決まる。そして、本日やるべき仕事も決まってくる。

一年後の目標があるからこそ、今の行動が決まるのである。

大目標は、いつでも思い出せるように、ノートに書いておく。パソコンに打ち込んだのなら、プリントアウトして、ノートに貼っておく。

大目標を掲げるのは、ノートを開いたら、いつでも、見られるところがよい。私は、ノートの最初の方のページに書いていることが多い。

目標は、灯台のようなものだと考えている。自分の実践がぶれないようにするためには、「遠くの目標」が絶対に必要である。

## 2 常に複数の目標を追う

一年後の目標を立てる際、複数の目標を立てるようにしている。

たった一つの目標よりも、何倍も仕事の成果が上がるからである。

例えば、次のような授業に関する目標を立てたとする。

「理科で子どもが自分から探究する授業実践を行い、冊子にまとめる。」

「国語で子どもが自分から読解する授業実践を行い、冊子にまとめる。」

この二つは、まったく別物の目標である。教科も違っている。

同時に二つの教科を研究することなど、できない、と感じるかもしれない。

しかし、やってみると、複数の目標に向かって、複数の仕事を行うことは可能なことに気付く。しかも、目標を意識しておくだけで、驚くほどたくさんの情報が頭に入ってくるようになる。結果として、研究がより深まることになる。

私は、現在「教師の仕事術」、「体育実践」、「子どもが探究していく理科」、「読解指導」、「討論指導」などの複数の研究目標を定めている。

ただし、複数の目標を達成するためには、いくつかの原則を守る必要がある。

まず、時々目標を振り返ることができるシステムを組んでおかなくてはならない。

### ノートに目標を明記しておく。

最初の方のページに目標を書くとよい。最初のページを時々見直すようにする。普段は特に目標を意識していなくても、目標を時々振り返ることができる。

さらに、複数の目標を設定する上で大切なのは、次の点である。

### いつまでに達成するのかを決める。

目標を達成する締め切り日を設定する。

例えば、授業研究の目標なら、何らかの形としてまとめなくてはならない。一年間という期間なのだから、夏期休業や冬期休業も入れて、仕事を集中的にできる期間をうまく振り分けながら、締め切り日を設定すればよい。

複数の目標を設定していると、良いことがある。

一つは、大量の情報が集まってくるようになる点である。

本屋に行ったときなどに、自分の目標に関する言葉が目に飛び込んでくるようになる。本を読んでいるときや、人の授業を見ているときも、自分の目標に関する情報が頭に意識されるようになる。

もう一つは、アイデアが次々と生まれてくる点である。

何気なく人の授業を見ていて、ふと気付く。「これは、国語での読解の授業へのヒントになる情報だぞ」と頭が判断してくれる。まったく別の教科からも、ヒントとなる情報に気付き、新しいアイデアを生み出すことができる。

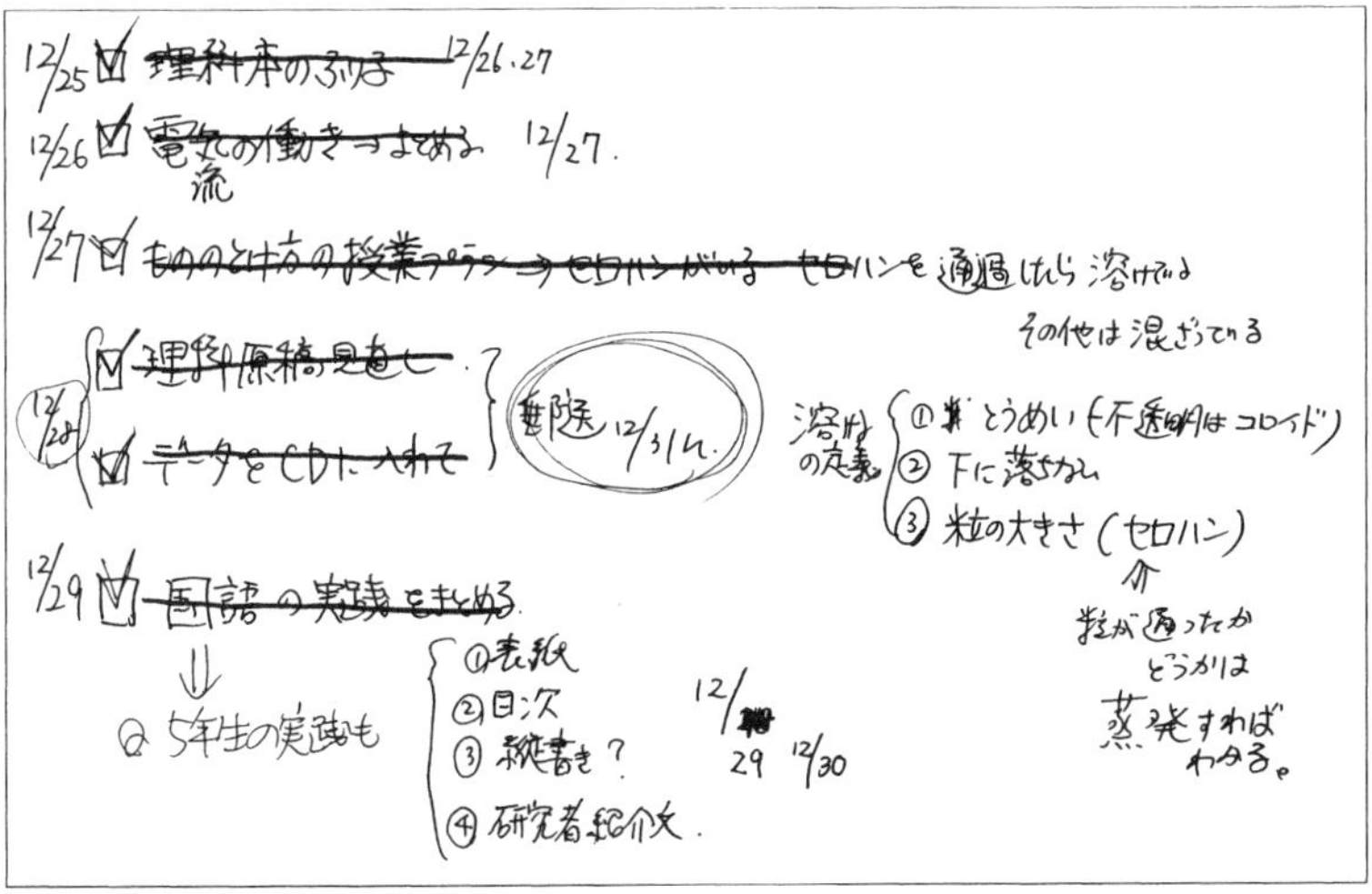


## 3　予定の立て方

一年後にやりたい大目標に対する、小目標を二十個ほど書いていく。

次に、二十個の小目標を十二カ月で割って、月ごとの仕事に分けていく。今月にこれだけはやっておきたいという仕事が、リストアップされる。

さらに、今月分の仕事を四週で割る。一週間あたりの仕事量が出る。

さらに、一週間分の仕事量を七日で割る。今日一日のやりたい仕事の量が求まる。

一〜二週間の日付をノートに書いていき、一日ごとにやる仕事をメモしていく。

「一週間でこれだけやれば仕事が終わる」とわ

かっていると余裕ができる。あせって次の日の仕事もしてしまうようなことはなくなる。仕事にあせりをなくし、心の余裕を生むと、仕事もはかどる。仕事がはかどると、仕事をしなくてよい日が出てくる。

スケジュールは、あせりをなくし、時間を自由に使えるための道具として使える。達成した仕事は、赤で線を引いて消していく。

## 4　今日一日にやりたい仕事のリストアップと仕事の行い方

仕事は、突然頼まれるものもある。

また、予期せぬ仕事が回ってくることもある。

雑務に追われないで、自分の本当にしたい仕事だけをするためにはどうすればよいのだろうか。ここでも、ノートの使い方次第で、自分のやりたい仕事だけに時間を集中させて行うことができる。

私の場合、毎朝、学校に少しだけ早く行くようにしている。

八時に子どもがやってくる。私は八時より少し前に、職員室に入る。

八時までの数分間で、本日の仕事をノートにリストアップしていく。
例えば、次のような仕事のリストができあがる。
①　行事の計画と進行状況の確認。
②　国語の問題集作成と印刷。
③　理科の授業計画を立てる。
④　アンケートを記入する。
⑤　理科授業で使用するコンテンツのチェックと修正を行う。
⑥　国語のテストの採点。
⑦　宿題のチェックと日記のコメント。
⑧　特別支援教育に関わる指導記録の作成。
⑨　出張計画を立てる。
この中には、自分の目標に従って考えた仕事も含まれている。自分がやりたいと願っている仕事だ。

例えば、「国語の問題集作成」である。「自分から読解していく子ども」を育てるという一年後の大目標のために、行った仕事である。

さて、リストアップされた仕事を、全て放課後にやっていくとなると、膨大な時間が必要である。

仕事はできるだけ定時には終えるようにしたい。

そこで、私はリストアップした仕事で、重要でない仕事はできるだけやらないようにしている。

**リストの中から、やらない仕事を決める。**

例えば、アンケートである。とにかくたくさんのアンケート依頼がくる。教師がやるべき仕事ではない。教師は暇ではないのである。

やらない仕事を決めたら、次に仕事を二つに分けるようにしている。

**リストの中から、「自分の本当にやりたい仕事」と「雑務」とに分ける。**

雑務には、例えば、「テストの採点」や「宿題へのコメント」、「出張計画」などが入る。

仕事に追われる人に共通しているのが、日々の「雑務」に時間をかけてしまっていることだ。

**「雑務」は、後回しにするか、隙間時間にやってしまうようにする。**


放課後までに、「隙間時間」がけっこうある。

授業後の休憩時間、給食時間、読書の時間など、細切れの時間を合わせると、本校では、二時間の「隙間時間」がある。

その二時間を使って、放課後までに一日の雑務を八割程度終わらせるようにする。放課後までに終わらなかったら、次の日の隙間時間に回す。

大切なのは、放課後までに雑務が終わらなかったら、次の日に後回しにする点である。必要以上に雑務に時間を使わない。

放課後から勤務終了時間まで、一時間ある。この放課後の一時間は、黄金の時間である。

重要ではない仕事には、放課後の時間は、一切使わない。

**放課後は、頭を使う仕事に当てる。**

「自分のやりたい仕事」や「新しい授業を創る仕事」、「学級経営を反省する仕事」をする時間に当てる。先の例の場合、「理科の授業計画」や「特別支援教育の記録」などが入る。

テストの採点や宿題のチェックを放課後にすることはない。

放課後は、教師が学級経営と授業とを高める仕事に使うべきである。

こうすることで、多くの場合、五時までには、仕事のほとんどが終了する。

## 5　会議におけるノートの取り方

会議では、次の二点をメモしている。

**①　決定事項**

## ②　自分が考えたこと

決定事項は、教務必携にメモしている。毎朝、今日の授業の予定を確認するために教務必携を開く。そこで、職員会議の決定事項に目を通す。

また、職員会議の中で自分が考えたことは、ノートにメモする。

職員会議などの会議があるときには、ノートをいつも開いている。

会議は、だいたい一時間ぐらいかかる。一時間も会議が必要ないことが多い。

司会がうまくいかないと、勤務時間を超えてしまうこともある。会議に時間がかかるので、ノートにメモをとる時間は十分にある。

どんなことを書いているのか。一番多いのが、次である。

## どうすれば学校がより良くなるのか？

学級担任をしていると、学級のことだけを考えてしまう。学校全体を見る目をもとうとしないと、自分の学級だけを考えて動いてしまう。

学級担任のうちから、学校全体を見る目を養っておきたい。一段も二段も上から考えていく視点がほしい。

一段も二段も上から物を考えていると、様々なアイデアが浮かんでくる。

かつて、給食の返却でクレームが出たことがある。

一時になったら、給食を返却することになっているのに、返却が遅いクラスがあると言うのである。そこで、給食室から次の要望が出された。

「一時から十分間だけを給食の返却時間とする。それ以外は持ってきてはならない。」

これは要望なので、意見を言っても仕方ない。ある日突然、「そうします」と言われたのである。そういう要望が来ているという話を受けたのである。

このときも、私の意見をノートに書いておいた。ちなみに、私のクラスは、一番に給食を返却している。

「食べる量も速度も、個々で違う。その日の献立によっても違う。子どもの体調によっても違う。食べる時間をそろえるのは困難である。このルール自体おかしい。設定してはならない。どうしてもルールをつくるなら、私なら『チャイムが鳴ったら授業を終え、給食を早めに準備する』というルールにする。」

これは、学級担任としての意見である。一段上の校長の立場なら、次のようになる。

「全校の人数から考えても、同時に返却は難しい。時間がかかるのは、給食の献立に無理があるのではないか。おいしい給食の日は、子どもたちはあっという間に食べて返却できている。給食メニューの改善こそお願いするべきではないか。」

さらにもっと上の立場で考えてみると、次のようになる。

「学校給食自体を一度検討する必要がある。問題が多いからだ。給食費を払わない問題。食物アレルギーで、別メニューを用意しなくてはならない問題。すでに、給食のシステムは無理が出てきている。」

会議は、自分の考えをもつ訓練になる。もっと大きな視野で考える習慣が身に付く。

## 6　研究会やセミナーでのノートの取り方

研究会やセミナーでは、次の内容をメモしていることが多い。

①　初めて知った内容

私なら 1つのグループに 代表でシールをはらせる。
シールも 2〜4種類でいい 少ない方がいい。
はやく歌うか・ゆっくり歌うかの 2種類でも討論になるだろう。

代表として 1つのグループにシールをはってもらい、
他のグループのグループに「この班と ちがうところはありませんか」と 質問し、発表させる。

10グループもあれば どこかが違っていて 当然なので、
例えば ①小さな声でやさしく歌う。②もり上げて歌うのように
意見が まっ2つに 分かれているところに 限定して、
討論させるだろう
そして、討論の後に 教師が まずは①小さな声でやさしく そのように歌ってみて
お手本を見せてから 全員で歌わせ・ほめて、
今度は ②もり上げて歌うように歌ってみせてから
子どもに歌わせ
その後は多数決にする。
（もう1度討論させるかもしれない）

このように授業の組み立てを
考えておかなければならない。
教師の授業行為の意味を意識しないことには、
授業力は向上しない。

② 自分が考えたこと

大切なのは次である。

**メモは、文章の形で残す。**

キーワードだと何について書いたか、後でわからなかったり、思い出せなかったりすることがある。

初めて知った内容は、短い文章でいい。これはこういう意味だというようなことをメモしておく。

自分の考えは、詳しく書いておく。話を聴いて、何らかの反論や賛成があるはずだ。そのとき浮かんだ考え

を書く。

研究会に参加して、研究授業を見たときにも、自分の考えを書く。

特に、授業がうまくいっていないときには、「自分だったらこうするだろう」という代案を考えるようにしている。

代案を考えることで、授業を見る目を養うことができる。代案を考えられないようなら、自分はまだその分野において大して勉強していないことを自覚できる。

校内研究なら、代案を授業者に伝えるようにしている。「批判をするなら、代案を添えて」というのが鉄則である。

メリットが少ないのが、「聴いた言葉をそのまま書く」ことである。これは、後で使えない。それに、人が言っている言葉は、自分で思っているより、意味がわかっていないものだ。後で読み返しても何のことだかわからないことが多い。

## 7　読書の効果を何倍も上げるためのノート術

毎日、読書の時間をとっている。読書をしながら、ノートにメモをとることが多い。

（大前より）
創造とはきびしいものである．きびしく孤独な創造の仕事にたえぬき
自己の理論を点検してきてはじめて．教師は強靭な心を得る．
自分流の教師になることができる．

教師とは不安なものである．本当にこの指導でいいのか？もっと良い指導ができたのではないか？
もっと良い結果が出たのではないか？
不安に負けて自分との闘いをやめるか．不安の中でも必死になって自分の道を歩むかは
教師自身が選ぶのだ．

何をメモするのか。

① 本を読んで自分の考えを書く。
② 即、実行できるアイデアを一つ選んで書く。
③ 気になった言葉は、「引用」しておく。（書名と著者名、ページ数）

本を読んでいると、賛否両論が浮かんでくる。
「それはおかしい」と思うときに、頭が活性化されるようだ。
なぜおかしいのか、反論を書く。
賛成だと思ったときも、「なぜこの意見に賛成なのか」を書いていく。
本を鵜呑みにするのではなく、自分なりの解釈を加えていくのである。
著者の言葉と区別するために、自分の意見は色分けをするか、

自分の名前を書いて囲みをしておく。

前ページの写真（右ページ上）は、斎藤喜博全集を読んで私がメモした内容である。「実践家としての心構え」をノートに書いた。

もし、論文や本を書くときに、後で使えそうな文章があったら、ノートに引用しておく。書名と著者名、ページ数も忘れずにメモする。

実用的な本では、「即、実行できるアイデア」を探す。日々の生活に生かすことができる方策が、本の中に必ず一つはあるものだ。

例えば、本書でも、一つは自分の生活に即生かすことができる方策があることと思う。それを、忘れないように一つだけ選んでノートに書く。本を読んで実行しないのが一番ダメだ。実行がともなって初めて、実用本の役割を果たしたことになる。

たった一つでいい。今日から実行してみることが大切だ。

## 8　人と差が付く「初任者研修ノート」の書き方

新卒の頃、一冊のノートを用意した。Ａ４で四〇ページのノートであった。表紙に、「初任者研修用」と記入した。

日々の思いをそのノートに綴っていった。

研究授業をしたときには、指導案を貼り、反省を書いていった。

初任者担当の指導教員からもらったメッセージも貼っていった。

研究会や会議でメモをとった。

研究授業の前には、授業案を書いた。発問や指示を書いていった。

ノートは、自分の足跡を残すことができるすばらしいツールだ。自伝とでも言えるものができあがる。結局、ノートは、一年で三冊になった。

数年経った今も、読み返してみると、まざまざとそのときの様子が頭に浮かんでくる。

今、ノートを読み返してみて、一番に目に飛び込んでくるのは次の情報である。

## 自分がその時々で何を考えていたか。

他人の資料や、連絡のための資料なども貼っているが、今読んでみると、まったく役に立たない。そのときだけ使うものは、ノートに貼らなくてもよいことがわかる。

「自分の考え」こそ、ノートに書くべきだ。それは、世界でただ一人、自分にしか書けないことだからだ。

私は、ノートに関して「新卒教師の心得」を一つだけ挙げるとするなら、次のことを挙げる。

**わからないことや疑問、納得のいかないことこそノートにメモせよ。**

「わからないことが、わからない」というのが、新卒である。

わからないことが見つかったら、ノートにメモしよう。そして、教えを請うのである。教えられたら、それもメモしていこう。ただし、自分の考えも書いておくことが大切だ。

「疑問」や「納得のいかないこと」も絶対にあるはずだ。初めて現場にいくと、「おかしさ」を感じることがある。「おかしい」と感じている間にメモをしておくべきだ。現場に何年もいると、「おかしさ」を「普通」と感じるようになってくる。数年経てば、「おかしさ」を、若い教師に強要する立場になってしまう。

新卒の時代は、生涯一度きりしかない。

その一度きりの期間に、自分が何を感じ、何を考え、どう困難を克服していったのかを書き記そう。

## 9　自分の指導の振り返りを行う

あらかじめノートに予定や授業案を書いていていると、後の反省が簡単である。ノートにやったことは書かれてあるのだから、ノートを見ながら指導の振り返りを行えばよい。

例えば、学級開きノートに、学級開きの細案を書いていく。教師の言葉や、予想される子どもの反応などを書く。

学級開き後に、すぐにノートを見ながら、指導の振り返りを行う。振り返りは早い方がよい。思い出せるうちに、反省やうまくいった点を記録しておく。

教師二年目に、私は、学級開きの後で次のような反省を書いていた。A4で二枚。箇条書きにしていて、三十六の文が書かれてあった。

一部を紹介する。

二〇△△年四月七日（月）

•全体として五分オーバーした。

•子どもの身体に合った机とイスの分配は、サイズの大きいものから順に机とイスを並べておいて、背の高い順に座るというのが一番早い。その際、子どもたちは荷物を机の上に出しておいてから後ろに並ぶとよい。

•遅れてきた子には「おくれてすみませんでした。」と言わせたので、その場がきりっとした。なぜ遅れたのか話を聞くと、プランターを運ぶ手伝いをしていたとのこと。誉めたらその場が笑顔と笑いに包まれた。

•配りものは、教科書→プリント→児童調査書類→宿題の順に配った。この時に教科書に名前を書かせておくと空白の状態は起きない。

•下校指導がまったくできなかった。どこに並べばいいかを貼りだすことだけでも言ったほうがよい。


次の年に反省を振り返る。同じ失敗は二度としないようにする。反省の記録を、次の年の学級開きに生かす。

そして、さらに大切なのは、次の点だ。

**ノートに書かれてある記録と同じ指導はしない。**

ほんの少しでも変化をもたせ、より良い学級開きを目指していく。毎年少しずつでも進歩させていくようにする。

教師の仕事は一度うまくいくと、ルーティンワークに陥りがちだ。毎年同じような指導をしていて、マンネリ化することがある。

確かに、毎年同じ学年をもち、毎年同じ教材を同じように教えていても、教師の仕事は成り立つかもしれない。

だが、多くの年配教師から教えてもらった言葉に、次の言葉がある。

成長する教師でないと、やがて指導が通用しなくなる。勢いで何とかなるのは若いうちだけだ。

毎年、少しずつでも学級経営や授業を進歩させていくようにしたい。
ここで、はたと気が付くことがある。

**記録をとっていないと、どこが進歩したのかわからない。**

記録がないと、反省のしようがないのだ。
ノートの記録は、来年度の参考にできる。
記録をとることが、仕事を高めていくことを実感したのは、新卒から数年後であった。

## 10　使い終わったノートからアイデアを生み出す方法

### (1)　ノートを使い終わったときにしていること

ノートを使い終わったときに、私がしていることは次である。

## ノートに何を記録したかを見直す。

ノートには、付箋が貼ってあったり、折り目がついていたりするページがある。そこには、何らかのアイデアが詰まっているという印である。

ノートを見直す場合、私は付箋や折り目がついているページだけは、じっくりと読む。付箋や折り目がついているページにはアイデアが必ずある。

アイデアを残したいと考えたら、ノートを見ながらパソコンに記録していく。ノートを見て、そのまま言葉を打つと意味がわからないところが出てくる。意味が通じるように、言葉を補いながら、パソコンに打っていく。

文章が長すぎて、パソコンに打ち込むのが大変なら、写真をとってパソコンにデータとして入れておけばよい。

次のノートに引き継いだ方がよい情報なら、ノートをコピーして、次の新しいノートに貼っておく。

アイデアを書いた直後は、何を書いたかは覚えている。しかし、しばらくしたら忘れてしまう。せっかくの良いアイデアが埋もれてしまっては意味がない。パソコンに入れるか、次のノートに引き継げば忘れることはない。

### (2) アイデアが浮かばないときのとっておきの方法

使い終わったノートは、本棚に立ててしまっておく。ノートの表紙に、日付を書いているので、いつのノートかはすぐわかる。

雑誌の原稿を書いているときなど、なかなかアイデアが浮かばないときがある。

そんなとき、昔のノートを読み返すようにしている。自分のその時々の考えが書かれてある。読んでいると、様々な場の、様々な状況が思い出されてくる。いろいろと思い出しているうちに、「この出来事が原稿に使えそうだ」というアイデアが浮かぶ。ノートに書かれた様々な内容が、頭を刺激してくれる感じがする。

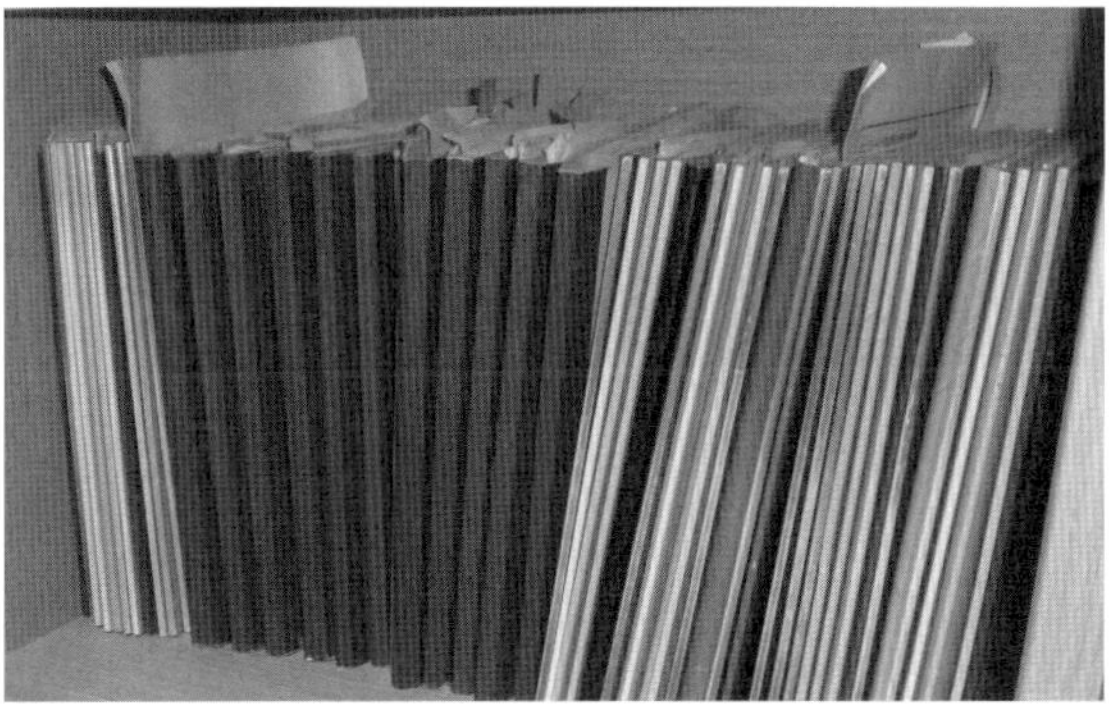

その時々の様子が思い出せるよう、ノートはストーリーのように文章で書くべきだ。ノートに書いたときは、そんなに大したアイデアではないと思っていたかもしれない。しかし、数年後の自分が読み直したら、別のもっとすばらしい劇的なアイデアに生まれ変わることもあるのだ。

# あとがき

ノートを見直すと、その時々の私の実践が蘇る。思いも蘇る。そして、悩みも……。

ノートは自分史である。自分が教師として歩んだ道程がそこに描かれている。

自分の言葉でノートを書いておくと、やはり後から読んでも楽しい。

ノートの使い方は、年々少しずつ変化している。

仕事のやり方が変化するとともに、おそらくノートの取り方も変わってくるのだ。セミナーに毎週参加していた新卒早々の頃は、知識をメモするので精一杯だった。今は、セミナーに参加しても、知っている知識は書かないので楽である。その分、自分の思考した内容を書くことができるようになっている。

今の自分の仕事のスタイルに合わせた、ノートの使い方を見つけてほしいと思う。

ノートを書くようになってから、それに付随して、良い習慣が身に付いた。

一つは、考える習慣が身に付いたことである。

人の意見を丸写しするのではなく、自分だったらどう考えるかということをメモする。それを続けることで、例えば講演を聴いていても、「それはおかしい」というような反論を書くことが自然とできるようになった。

二つ目に、毎日のようにアイデアを生み出すことができるということを発見した点である。「一日一つ何かを創造する。」そういう姿勢が身に付いた。

教室は、教育実践の新しいアイデアの宝庫である。何でもないような日常、どうということのない一日でも、振り返ってメモしてみることで、多くの「創造的な教育行為」が行われていることに気付く。

また、時間にも敏感になった。ちょっとした隙間時間が、思索の時間に変化した。退屈な会議の時間や、人を待つ時間、そんなときだって、ノートがあれば、思索の時間に変化する。有意義に時間を過ごすようになった。

ノート術は、人によって違う。良いところを真似すればよいと考えている。ぜひ、自分に合ったノート術を生み出してほしい。本書がその助けとなれば幸いである。

# あとがき

本書を執筆するにあたり、黎明書房編集部の都築康予氏には、本書の構想を練っていただくだけでなく、表現の仕方まで細部にわたり御指導いただいた。記して感謝申し上げます。ありがとうございました。

大前暁政

## ●著者紹介

**大前暁政**

岡山大学大学院教育学研究科（理科教育）修了後，公立小学校教諭を経て，2013 年 4 月京都文教大学准教授に就任。教員養成課程において，教育方法論や理科などの教職科目を担当。「どの子も可能性をもっており，可能性を引き出し伸ばすことが教師の仕事」ととらえ，現場と連携し新しい教育を生み出す研究を行っている。文部科学省委託体力アッププロジェクト委員，教育委員会要請の理科教育課程編成委員などを歴任。理科の授業研究が認められ「ソニー子ども科学教育プログラム」に入賞。


主な著書

『学級担任が進める通常学級の特別支援教育』（黎明書房）
『本当は大切だけど，誰も教えてくれない学級経営 42 のこと』（明治図書）
『実践アクティブ・ラーニングまるわかり講座』（小学館）
『なぜクラス中がどんどん理科を得意になるのか』（教育出版）
『WHY でわかる！　HOW でできる！　理科の授業 Q&A』（明治図書）
『プロ教師直伝！　授業成功のゴールデンルール』（明治図書）
『子どもを自立へ導く学級経営ピラミッド』（明治図書）
『教師 1 年目の学級経営』（東洋館出版社）など多数


**新装版《しんそうばん》　仕事《しごと》の成果《せいか》を何倍《なんばい》にも高《たか》める教師《きょうし》のノート術《じゅつ》**

2021 年 12 月 10 日　初版発行

著　者　大《おお》前《まえ》暁《あき》政《まさ》
発行者　武馬久仁裕
印　刷　藤原印刷株式会社
製　本　協栄製本工業株式会社

発行所　株式会社　黎《れい》明《めい》書《しょ》房《ぼう》

〒 460-0002　名古屋市中区丸の内 3-6-27　E B S ビル
☎ 052-962-3045　FAX052-951-9065　振替・00880-1-59001
〒 101-0047　東京連絡所・千代田区内神田 1-4-9　松苗ビル 4 階
☎ 03-3268-3470

落丁本・乱丁本はお取替します。　ISBN978-4-654-02366-0